孫社長のYESを10秒で連発した瞬速プレゼン

大量の仕事を瞬時にさばく最強最速のコミュニケーションスキル

三木雄信

すばる舎

最強最速のコミュニケーションスキル「瞬速プレゼン」～はじめに～

「世界一つかまりにくい上司」のもとで鍛えられたコミュニケーションスキル

かつて私がつかえていたのは、〝世界一つかまりにくい上司〟でした。

分刻みのスケジュールで社外のあちこち飛び回るか、そうでなければ一日中会議室にこもって、早朝から深夜までぶっ通しで10件や20件のミーティングをこなすか。

こちらに何か用があっても、声をかける暇さえない毎日を送っていました。

その上司の名は、ソフトバンクグループの孫正義社長です。

私は25歳でソフトバンクに転職し、孫社長の秘書になりました。

世界屈指の多忙な上司を持った私にとって、「どのタイミングで孫社長をつかまえ、いかにして一発でOKをもらうか」が最大のテーマでした。

私のもとには、社内から「この書類に孫社長のサインがほしい」「この件について孫社長の了承をとってくれ」といった依頼が、毎日、山のように押し寄せます。

これらの承認をもらうのが秘書である私の役目でしたが、孫社長をつかまえるのは至難の技。「孫社長の手が空いたら相談しよう」などと悠長なことを言っていたら、永遠に稟議は通りません。

当然ながら、同じ件を2度3度と繰り返し説明するような余裕もなし。

とにかく**5秒でも10秒でもいいから孫社長をつかまえて、その場で「イエス」の返事をもらわなくてはいけません。**

私は必死で知恵をしぼり、何とか隙を見つけては、孫社長に食らいつきました。

外出する孫社長を走って追いかけ、同行する予定もないのに一緒に車に乗り込んだこともあります。

そして移動中に何枚もの書類を見せて簡潔に説明し、すべてサインをもらったら私だけ途中で降り、タクシーを拾って会社に戻る。

こんなこともしょっちゅうでした。

今振り返っても、なかなかハードな毎日だったと思います。

その中で、私は自分なりに「高速でコミュニケーションし、相手に即決させる方法」

を編み出していきました。

それが、この本で紹介する「瞬速プレゼン」の技術です。

仕事でのコミュニケーションはすべて「プレゼン」である

プレゼンとは、ただ相手に情報を伝えるためのものではありません。

情報を伝えた上で、相手の承認や理解を得て、次のアクションを引き出すのが、「プレゼンテーション」の本当の意味です。

よって、仕事でのコミュニケーションは、すべてプレゼンであると言えます。

上司に報連相するのも、部下に指示を出すのも、仕事相手と交渉するのも、すべては「相手を動かす」という目的のためです。

どんな仕事でも、目標を達成するには「周囲の人を動かすこと」が不可欠です。

どれほど素晴らしい計画や戦略を立てても、周囲の人の協力がなければ、実行することはできません。

仕事で結果を出したいなら、人を動かすためのコミュニケーションスキルが何より重要となります。

しかも変化の激しい今の時代は、計画から実行までをできるだけ速いスピードでおこなう必要があります。

相手の承認や同意を得るまでに時間をかけていたら、いざ実行に移るころには、すでに状況が変わってしまいます。

せっかく立てたプランも、役に立たずに終わるでしょう。

つまり、**コミュニケーションを高速化することが、「結果を出せる人」になるための条件**と言えます。

「瞬速プレゼン」は、最短最速で最大の成果が出せる、生産性の高いコミュニケーションスキルなのです。

孫社長を相手にしていた私からすれば、上司からイエスを引き出すのに30秒かかるのでは長過ぎます。

話し始めて10秒で決める。

これが「瞬速プレゼン」です。

例えるなら、〝居合い斬り〟のようなコミュニケーションと言えるでしょう。

「瞬速プレゼン」を身につけたから責任あるポジションを任された

私は孫社長の秘書から始まり、27歳で社長室長になりました。

さらには経営戦略担当も兼務し、孫社長のもと、さまざまな大型案件でプロジェクトマネジャーを務めました。

証券取引所の「ナスダック・ジャパン」の開設、日本債券信用銀行（現・あおぞら銀行）の買収、ADSL事業「Yahoo! BB」の立ち上げなどは、私が現場の責任者としてやり遂げた代表的なプロジェクトです。

入社した頃の私は、秘書とは名ばかりで、実質的には孫社長のかばん持ちでした。

まだ社会人になって3年ほどの若造で、もちろん経営のことなど何も知りません。

それからわずか数年で、ソフトバンクの成長を担う重要な案件を孫社長から任されるまでになったのは、ひとえに「瞬速プレゼン」のスキルのおかげです。

秘書の役割とは、社内における情報のハブになることです。

先ほどお伝えしたように、下からの情報は最終的にすべて秘書である私に集まります。

その一つ一つを孫社長に説明し、承認をもらったら、またそれぞれの情報を下の担当者に伝える。

この作業をいかに効率的にさばくかで、秘書として優秀かどうかが決まります。

私が秘書になったとき、孫社長に言われたことがあります。

「社長の生産性は、秘書が決めるんだぞ！」

要するに、「社長の1日のアウトプットの量を最大化するようにスケジュールを組め」ということです。

そのためには、孫社長の時間を1秒たりとも無駄にはできません。

書類にサインをもらいたいからと言って、説明に5分も10分もかけていたら、「俺の時間をもっと効率的に使え！」とカミナリが落ちたでしょう。

実際、コミュニケーションに時間をかけすぎて、孫社長から「結論から言え！」「なぜすぐに答えられないんだ？」と怒られる幹部たちの姿を何度も見てきました。

だからこそ、常に高速のコミュニケーションを実践する私を評価し、大きな仕事や責任あるポジションを任せてくれたのだと思います。

「瞬速プレゼン」は、周囲の人たちの信頼を得て、自分の評価を高めてくれるスキルでもあるのです。

「瞬速プレゼン」はどんな人にも役立つ

「瞬速プレゼン」は、どんな職種や業界の人でも必ず役立ちます。

なかでも、上司と部下に挟まれて毎日大量のコミュニケーションをしなくてはいけない中間管理職やプレイングマネジャーには、大きな力になるでしょう。

また、外部から人やお金などのリソースを集めなくてはいけないベンチャー企業の経営者や個人事業主の皆さんにとっても、武器になるスキルです。

最近は長時間労働の解消が日本全体の課題になっていますが、コミュニケーションの速度を上げれば時間あたりの生産性も上がります。

「もっと高い成果を出したい」

「上司や部下と意思の疎通をスムーズにしたい」

「残業を減らしたい」

こうした悩みをすべて解決できるのが、「瞬速プレゼン」なのです。

私は世界的なカリスマリーダーである孫社長の間近で24時間365日ともに働き、高速コミュニケーションのスキルを徹底的に鍛えられました。

その極意を、本書で余すところなくお伝えしましょう。

一人でも多くのビジネスパーソンが、「瞬速プレゼン」によって自分の目標や理想とする働き方を実現してくれることを願っています。

2017年9月吉日　三木雄信

孫社長のYESを10秒で連発した瞬速プレゼン　もくじ

第1章

一瞬でYESを勝ち取る！「瞬速プレゼン」

第2章

YES・NOは事前準備で9割決まる

第3章

「情報」を制するものが「仕事」を制する

第4章

10秒で即決させるには、1枚のメモを作りなさい

第5章

10秒でYESを言わせる「瞬速プレゼン」の技術

第6章
ライバルを置き去りにする！ 超高速メール術

第７章

世界レベルでビジネスが加速する爆速電話術

第８章

チームで超高速コミュニケーションを実現する

編集協力／塚田有香
カバーデザイン／西垂水敦＋坂川朱音（krran）
本文デザイン・図版／鈴木大輔（ソウルデザイン）

第1章

一瞬でYESを勝ち取る！「瞬速プレゼン」

コミュニケーションが遅い人は、仕事も絶望的に遅い

仕事の9割はコミュニケーションとその準備である

「結論から言え！」

「なぜすぐに答えられないんだ？」

そんな孫社長の言葉に、うつむく幹部や社員たち。

ソフトバンクの会議室では、こんな光景がたびたび見られました。

孫社長の前で、コミュニケーションに余計な時間をかけるのは御法度です。

報連相は簡潔に、聞かれたことは瞬時に答える。

これがソフトバンク流コミュニケーションの鉄則です。

孫社長に質問されて、「持ち帰って検討します」などと言おうものならどうなるか。

「君は次から来なくていい」と言われることもなく、声がかからなくなり、その人は二度と会議に呼ばれなくなります。

なぜ孫社長は、これほどコミュニケーションの速度を重視するのか。

それは、「コミュニケーションが遅い人は、仕事も絶望的に遅い」からです。

裏を返せば、こういうことになります。

「仕事が速くなりたいなら、コミュニケーションを速くするしかない」

なぜならホワイトカラーの仕事の9割は、コミュニケーションとそのための準備で占められているからです。

あなたも、自分が毎日何のために時間を費やしているかを考えてみてください。

会議や打ち合わせ、商談、交渉などのコミュニケーションか、それに必要な資料作りや情報収集、スケジューリングなどの準備作業か。

仕事をしている時間の大半は、このいずれかに使っているはずです。

よって仕事をスピードアップするには、コミュニケーションに使う時間をいかに圧縮するかがカギになります。

そこで求められるのが、「瞬速プレゼン」の技術です。

孫社長の口グセ「10秒以上考えるな！」

今の時代、自分一人でできる仕事などありません。成果を出すには、誰かの協力やチームでの連携が絶対に必要です。

つまり仕事を速くするには、「短時間でいかに多くの人を動かせるか」を考えなくてはいけないわけです。

「10秒以上考えるな！」

これは孫社長の口グセです。

そのココロは、「**自分一人の頭ではいくら考えても答えは出ない。だから10秒考えてわからなければ、人に意見を聞いたり、チームで議論したりしろ**」ということです。

いい仕事をして成果を出すには、コミュニケーションして人の力を借りなくてはいけない。

これが孫社長の考えです。

よって結果を出そうとすると、コミュニケーションの量はどんどん増えます。

だからこそ、同時にコミュニケーションの速度を上げないと、結果を出すまでの時間は遅くなる一方です。

とくに中間管理職やリーダークラスにとって、コミュニケーションが遅いことは死活問題になります。

組織の中で、コミュニケーションチャネルが最も多いのがこのポジションです。上には部長クラスや役員クラスがいて、下には多くの部下を抱えています。社外の取引先や協力会社とのつながりもあれば、仕事の一部を外注することもあります。まさに上・下・横・斜めと全方位に情報の窓口が広がっているため、コミュニケーションの量も膨大です。

その一つ一つに時間をかけていたら、いくら残業しても追いつくわけがありません。コミュニケーションのスピードを上げない限り、あなたの仕事は遅いままです。まずはその現実にしっかりと目を向けてほしいと思います。

10秒でチェック！

☑ 仕事の9割は、コミュニケーションとそのための準備

☑ 仕事を速くするには、コミュニケーションに使う時間を圧縮するしかない

☑ 管理職やリーダーこそ、「瞬速プレゼン」のスキルが必要

「瞬速プレゼン」ができないと、生き残れない

コミュニケーションが遅いと組織は停滞する

コミュニケーションとは、「組織の目標を達成するためのアクションを引き出すこと」である。

これが、私の考えるコミュニケーションの定義です。

いくら会議や報連相をしても、アクションにつながらなければ意味がありません。

私が孫社長の秘書をしていたときも、常に「このコミュニケーションは、次の行動につながるか」を考えていました。

私が一生懸命に説明したところで、孫社長に「これでは情報が足りない！」と書類を突き返されたら、サインはもらえません。

経営トップの了承が得られなければ、現場の仕事も進みません。つまり、次のアクションに移れないということです。

だから**私はいつも「一発でゴーサインをもらう」ために必死でした。**

ソフトバンクの会議で「検討します」がNGワードなのも、同じ理由です。会議をするのは、孫社長が次のアクションを意思決定するためです。にもかかわらず、意思決定に必要な情報をその場で提供できず、「持ち帰って調べます」などと言うことは許されません。

ソフトバンクが急拡大を続けてきたのは、「意思決定→アクション」のプロセスを高速化しているからです。

ビジネスにおいて、次のアクションが決まらないコミュニケーションは、すべて無駄だと考えるべきです。

コミュニケーションが遅い組織は、生き残れない。

それを証明する事例を紹介しましょう。

いまや「ロボット掃除機」と言えば、iRobot社のルンバです。2002年の発売以来、この分野で圧倒的シェアを誇っています

実は日本のメーカーも、それ以前からロボット掃除機のアイデアと技術はすでに持っていました。

それが発売に至らなかったのは、社内の意思決定が遅かったからです。

「ロボット掃除機がものにぶつかって壊したらどうする」

「内部に詰まったホコリから発火したら、誰が責任をとるんだ」

そんな議論が繰り返され、誰も「発売する」という意思決定をしませんでした。

そうこうするうちに外資系のｉＲｏｂｏｔ社がルンバを発売し、一強の座をあっさり奪ってしまったのです。

それからあとになって、日本のメーカーも、東芝、シャープと続きましたが、時すでに遅しでした。

お気づきでしょうが、この２社はその後いずれも経営危機に陥っています。

「コミュニケーションが遅い組織は生き残れない」という法則を、私たちは目の当たりにしているのです。

対照的なのが、ソフトバンクグループのヤフーです。

同社の検索サイトが今なお国内ナンバーワンであり、それに付随するサービスで業績を伸ばし続けている理由は、社内のコミュニケーションが速いからです。

ヤフーは2012年に社内の体制を一新し、経営陣も一気に若返りました。

きっかけは、若手社員が孫社長に対しておこなったプレゼンです。

「今のままでは、10年後にはヤフージャパンは存在しない」

その社員は、こう言い放ちました。

当時はちょうど、パソコンからスマートフォンやタブレットへと、ITツールの主流が移行しつつある時期でした。その流れをいち早く肌身で感じていた若手社員が、「このままでは生き残れない」と危機感を訴えたのです。

それを受けて、孫社長や旧経営陣はすぐに「組織の体制を変える」と意思決定を下しました。もしこの判断がなかったら、今のヤフーはなかったでしょう。

「瞬速プレゼン」は会社を生き残らせるための条件でもある

もう一つ、ヤフーの事例から学ぶべきことがあります。

それは、「会社を強くするには、下が上に情報を伝えて、意思決定させなくてはいけない」ということです。

立場が上になるほど、現場から距離が離れます。要するに、世の中の変化や新しい動きから一番遠いところにいるのが〝エラい人たち〟なのです。

上の人がみずから時代を先読みして、会社が生き残るための意思決定をしてくれることは、ほとんどあり得ないと思っていいでしょう。

現場に近い社員たちが「このままではマズい」と感じたら、その情報を上に伝えない限り、経営者が正しい判断をすることはありません。

下が上を動かし、自分たちが望む通りに次のアクションを引き出す。

「瞬速プレゼン」は、そのためのスキルでもあります。

社員たちが「上の言う通りにすればいい」と思っていたら、あっという間に会社はなくなります。会社が生き残れなければ、そこで働く個人も生き残れません。

自分のビジネスは、自分で回す。

個人がその意志を持つことが、「瞬速プレゼン」の大前提です。

10秒でチェック！

☑ アクションにつながらないコミュニケーションは、すべてムダである

☑ 意思決定が遅く、なかなか行動できない組織は生き残れない

☑ 組織が生き残るには、下が上に情報を伝えて、意思決定させなくてはいけない

1万人の部下を動かした究極の方法

「横のコミュニケーション」を高速化する

孫社長の秘書を経て、社長室長になった私は、いくつもの大型案件でプロジェクトマネジャーを任されました。

マイクロソフトとのジョイントベンチャーである「カーポイント（現・カービュー）」の立ち上げ、証券取引所の「ナスダック・ジャパン」の開設、日本債券信用銀行（現・あおぞら銀行）の買収など、いずれも困難ながらやりがいのある仕事でした。

なかでもＡＤＳＬ事業のプロジェクトは、私が社長室を離れて事業そのものに専念した（させられた）思い入れの深い案件です。

ＡＤＳＬ事業「Yahoo! BB」のプロジェクトは、孫社長がソフトバンクの命運をかけて勝負に打って出た大型事業だっただけに、プロジェクトに関わった人間の数も膨大でした。

コールセンターで働く派遣社員やアルバイト、協力会社である代理店のスタッフなども含めれば、私の部下は1万人近くいたことになります。

これだけ多くの人間を動かし、孫社長が目指すゴールを達成できたのはなぜか。それは、私が「瞬速プレゼン」の技術を駆使したからです。

そもそもプロジェクトマネジャーの役割は何かと言えば、「コミュニケーションの調整役」に尽きます。

ひと昔前までは、社内の一部門だけで完結する仕事も多く、組織のピラミッドの中で上下関係に従っていれば意思決定ができました。

しかし現在は、ＩＴの進化やコンプライアンスの強化によって、どんな仕事でも専門スキルを持った人の協力が不可欠となりました。

その結果、ひとつの仕事に社内のさまざまな部門やグループが関わるようになり、さらには外部の会社や個人と共同でおこなう事業や案件も増えました。

つまり、昔に比べて「横のコミュニケーション」が増えているのです。

しかも、**所属する組織が違えば、使う言葉の定義も違います。**

同じ会社の同じ部署にいる者同士なら、あうんの呼吸で理解できることも、外部の人間には何度説明してもわかってもらえなかったり、誤解が生じたりしがちです。

コミュニケーションに時間がかかれば、当然プロジェクトもどんどん遅れます。

時代の変化とともにコミュニケーションが複雑化する中、短期間で成果を上げるには、誰かが情報を円滑に回すための仕組みを作り出す必要があります。

それこそが、プロジェクトマネジャーの役割なのです。

「共通言語」のフォーマットを作る

「Yahoo! BB」のプロジェクトが始まった当初も、やはり組織の違いによるコミュニケーションの問題が発生しました。

このプロジェクトは、複数の関連会社から出向してきたスタッフで構成されていたので、普段使っている用語や書式もみんなバラバラでした。

ＡＤＳＬ事業に新規参入するには、ＮＴＴの回線を借りてネットワークを構築する必要があります。

その作業を、シスコシステムズときんでんの２社から出向中のスタッフが担当したのですが、ここでもすぐに〝言葉の違い〟が問題になりました。

たとえばネットワーク図を作るのに、シスコはＮＴＴの局舎を「◎」のマークで表し、きんでんは「■」で表す。あるいは、シスコは機器の名前を英語の略称で書き込み、きんでんは日本語で書き込む。

このように、それぞれが元いた会社で使っていた用語や記号を使ったため、お互いの図面が何を示すのかわからず作業が進まないという事態が起こっていました。

それに気づいた私は、両社のスタッフを一堂に集めました。

そして「局舎のマークは『■』で統一する」「機器の名前は英語で揃える」といった、言葉の定義づけと**記号の共通化**をしたのです。

そこからはスタッフ同士のコミュニケーションが一気にスピードアップし、ネットワーク図の作成も円滑に進みました。

このように、**プロジェクトマネジャーがチーム内のコミュニケーションを高速化する仕組みやフォーマットを作ってしまえば、あとは個々のメンバーで「瞬速プレゼン」を実行できるようになります。**

たとえプロジェクトマネジャーの肩書きを持たなくても、仕事で横のコミュニケーションが不可欠な今の時代は、どの職場でも「プロマネ的な人材」が求められています。

組織内のコミュニケーションを速くするためにも、やはり「瞬速プレゼン」の技術が欠かせないのです。

10秒でチェック！

☑ プロジェクトマネジャーとは、「コミュニケーションの調整役」である

☑ 現在はひと昔前に比べて、「横のコミュニケーション」が増えている

☑ コミュニケーションを高速化する仕組みやフォーマットを作れるスキルが必要

世界レベルで多忙な上司の「YES」を連発したメソッド

孫社長にとって最も貴重なリソースは「時間」

私が25歳で孫社長の秘書になったとき、最初に告げられたのはこんな言葉でした。

「社長の時間を最大限、効率的に使うのがお前の仕事だ。社長の生産性は、秘書が決めるんだぞ！」

その真剣な表情と迫力に気圧されながらも、新米秘書の私は「孫社長の時間は1秒も無駄にしないぞ」と心に誓いました。

なぜ孫社長は、そこまで時間にこだわるのか。

それは、会社経営において最も貴重なリソースが「社長の時間」だからです。

人やお金は、外から調達しようと思えばいくらでもできます。

しかし、人間に与えられた時間は、誰もが平等に1日24時間しかありません。

投資ファンド設立のために10兆円を調達できる孫社長も、さすがに時間だけはどこかからもらってくるわけにはいかないのです。

秘書になった私にしつこいほど「時間を有効に使え」と言ってきかせたのは、それが理由です。

とはいえ、孫社長のスケジュールを管理する秘書の私は大変です。

孫社長は仕事の優先順位を自分でどんどん決めてしまうので、少しでも重要度が低いと判断された仕事は後回しにされます。

会議に熱が入ってくれば、ミーティングの時間はどんどん長くなります。

あげくの果てに、「三木、あとの予定は全部飛ばせ！」と言われることもしょっちゅうでした。

そう言われても、後ろには次のスケジュールが入っています。

「今日中に孫社長の稟議をもらわないと、取引先との契約が期限切れになるんだけど」と困り果てた幹部たちが、社長室の前で2時間も3時間も待たされることが少なくありませんでした。

これでは、会社の仕事が回らなくなります。

結局どうしたかと言えば、秘書である私がこうした案件を肩代わりすることになりました。

「孫社長の手が空くタイミングを見計らって、私が稟議をもらっておきます」

そう言って、すべての書類にサインやハンコをもらう役目を引き受けたのです。

「世界一つかまりにくい上司」をつかまえた秘策

しかし、秘書だからといって、多忙な孫社長を簡単につかまえられるわけではありません。

ですから私自身も、孫社長をつかまえるのに必死でした。

会議と会議の間の一瞬の隙を見て、声をかける。トイレに行く孫社長を追いかけ、会議室に戻るまでの間に横で歩きながら説明する。

それでも時間が足りないときは、同行する予定もないのに孫社長と一緒に車に乗り込み、書類にサインをもらったこともあります。

そして途中で私だけ降ろしてもらい、タクシーを拾って会社へとんぼ帰りする。

こんな毎日でした。

私はその中で、上司とのコミュニケーションはタイミングが命であることや、その場で一発ＯＫをもらうには事前の準備がカギを握ることを学んだのです。

こうして「瞬速プレゼン」のノウハウを確立した私は、多忙な孫社長からその場でイエスを引き出すスキルを身につけました。

おそらく孫社長も、**「三木ならコミュニケーションに無駄な時間を使わずに済む」**と評価してくれたのでしょう。

私がカバン持ちの秘書から始まり、社長室長や経営戦略担当へと出世できたのは、「孫社長の時間を効率化する」というミッションを遂行したからだと思っています。

同時に私は、社内の幹部からも「三木に任せれば、すぐに孫社長の了承をとってくれる」と信頼されるようになりました。

これも孫社長が私に重要な仕事やポジションを任せてくれた理由だと考えています。

組織の中で誰か一人でも上司の承認をもらえないと、その仕事はストップします。了承待ちで無駄な時間を費やしたあげく、「ようやく上のＯＫが出たから、今日中にこれをやってくれ」などと突然言い出す人は、チームのメンバーから嫌われます。

あるいは上司の了承をとらないまま、見切り発車でとりあえず作業を進めたものの、結局上の了承が得られず、それまでにやった仕事が全部無駄になることもあります。

いずれの場合も、一緒に仕事をする人たちの時間を奪うことになるのです。


時間が貴重なのは、経営者だけではありません。

あなたの上司や同僚、部下たちも、それぞれが優先順位をつけて、できるだけ効率的に仕事をしたいと考えています。

よって、周囲の人の時間を奪う人は、信頼されなくなります。

そんな人が管理職やプロジェクトマネジャーになっても、「あの人とは仕事をしたくない」と思われて、協力を得られないでしょう。


速く的確にコミュニケーションする技術がないと、会社にあなたの居場所はなくなってしまいます。

「瞬速プレゼン」は、組織やチームで仕事をする以上、誰にとっても必要なスキルだと考えてください。

10秒でチェック！

☑ 上司にとって最も貴重なリソースは「時間」である

☑ 上司の承認をもらえないと、会社の仕事は止まる

☑ すぐに了承をもらえる人は、周囲からの信頼も得られる

10秒以内に「承認」を引き出す技術

「瞬速プレゼン」は瞬時に決着をつける〝居合い斬り〟

「瞬速プレゼン」は、いわば「居合い斬りのコミュニケーション」です。

ダラダラと時間をかけず、瞬時に決着をつけます。

少なくとも、報告や説明に5分や10分も時間をかける余裕はありません。

孫社長だったら、10秒経ったところでこんな言葉が飛んできます。

「結局何が言いたいんだ？　結論から言え！」

そこで言葉に詰まってしまうと、「だったらもういい」と言われてしまいます。

最初の10秒で相手の心をつかまなければ、最後まで話は聞いてもらえないのです。

そんな上司のもとで私が作り上げた「瞬速プレゼン」のメソッドは、「10秒以内に承認を引き出す技術」です。

一瞬のうちに相手のイエスを引き出すには、４つのポイントがあります。

【ポイント1】相手が断れない状況を事前に作る

たった10秒で相手から承認をもらうには、その場の説得力や交渉力だけで勝負しようとしても無理です。

重要なのは、むしろ実際にコミュニケーションする前の準備段階です。

そこで相手がノーとは言えない状況を作ってしまえば、わずか10秒のプレゼンでイエスを引き出すことができます。

実はこの戦術こそ、孫社長の得意技です。

ソフトバンクがアップルと提携してiPhoneを日本で独占販売できたのも、ボーダフォンを買収するための巨額の融資を金融機関から引き出せたのも、**孫正義流の「相手にノーと言わせない状況作り」**が決め手になりました。

その具体的な方法は、第2章で説明します。

【ポイント2】相手が欲しい情報を伝える

相手がその場で即決するには、イエスかノーかを判断する材料が必要です。

もし承認をもらえなければ、それはあなたが相手の欲しい情報を提供できなかったということです。

相手がどんな情報を欲しがるかは、その人の立場によって変わります。

会社全体を見て判断しなくてはいけない社長と、自分のチームが関わる範囲のことを判断したい課長とでは、欲しい情報は当然違ってきます。

誰にどのような情報を渡すべきか、相手の立場に合わせてどのように情報を加工すべきか。

その答えを教えてくれるのが「DIKW理論」や「構造化」などのノウハウです。

これらについては、第3章と第4章で詳しく解説します。

【ポイント3】タイミングを計る

コミュニケーションにかける時間そのものを短縮することも大事ですが、同時に「どのタイミングでコミュニケーションをするか」も重要です。

了承をもらいたい相手のスケジュールを把握し、「ここぞ」という瞬間を逃さず、ベストなタイミングで切り込むのが〝居合い斬り〟の極意です。

忙しい上司をつかまえるときだけでなく、部下や他部署に仕事を振るときもタイミングを計ることが不可欠です。

急な指示出しで部下に残業を強いるようでは、信頼されるリーダーや管理職にはなれません。

タイミングのコツについては、第5章で解説します。

【ポイント4】伝える順番に気をつける

相手に情報を伝えるときは、「どの順番で話すか」もポイントになります。

孫社長の口グセである「結論から言え！」は、「瞬速プレゼン」の基本中の基本。

さらには、「理由を3つ述べる」「次のアクションを伝える」など、**相手から了承を引**

き出すための〝話し方のフレームワーク〟が存在します。

こちらも、第5章で詳しく説明します。

また、メールや電話などフェイス・トゥ・フェイス以外のコミュニケーションを速くする方法については第6章と第7章で、会議やミーティングなどチームでのコミュニケーションをスピードアップする方法は第8章で紹介します。

「瞬速プレゼン」は、誰が相手でも、どんな場面でも使える技術です。

ぜひあなたも、「10秒でケリをつけるコミュニケーション」という凄ワザを身につけてください。

10秒でチェック!

- 「瞬速プレゼン」は、10秒で決着をつける「居合い斬りのコミュニケーション」
- 一瞬で相手のイエスを引き出すには、4つのポイントがある
- 「瞬速プレゼン」のスキルは、誰が相手でも、どんな場面でも使える

第❷章

YES・NOは事前準備で9割決まる

孫社長がトランプ大統領に一番に会えた理由

電光石火のスピードでトランプ氏のアポが取れた秘密とは？

２０１６年12月、あるニュースが世間を騒がせました。

その前月にアメリカ大統領選に勝利したばかりのドナルド・トランプ氏と、ソフトバンクの孫正義社長がニューヨークで電撃会談したのです。

トランプ氏が大統領になることが確定してから、日本企業の経営者に会うのはもちろんこれが初めて。日本の安倍首相との初会談が実現したのさえ、それから約２カ月も経ってからのことです。

そんな中、電光石火のスピードでトランプ氏と会談し、「マサは素晴らしい男だ！」とまで言わせた孫社長の行動力に、世間は度肝を抜かれました。

なぜ孫社長は、面識のないトランプ氏にいち早く会うことができたのか。

それは「**相手がイエスと言うしかない提案を用意したから**」です。

会談終了後、トランプ氏と並んで報道陣のカメラの前に現れた孫社長の手には、こう書かれた一枚の資料がありました。

「今後4年間でアメリカに500億ドルを投資し、5万人の雇用を創出する」

この提案をプレゼンするために、孫社長はトランプ氏にアポをとったのです。

これをトランプ氏が断るわけがありません。

トランプ氏は選挙中から一貫して、「アメリカ国内の雇用を増やす」というキーメッセージを繰り返し発言し続けてきました。

つまり、彼が最も強く求めているのが「雇用」だったわけです。

孫社長はそれをわかった上で、相手が望む通りの提案を持っていきました。

だからトランプ氏は孫社長を大歓迎したのです。

もちろん孫社長も、何の見返りもなく巨額の投資をするわけではありません。

ソフトバンクが買収したアメリカの携帯通信大手のスプリントは、同じく通信大手のTモバイルとの合併を模索しています。アメリカ当局の認可が下りず、一度は合併話もストップしましたが、新しい大統領が投資と引き換えに規制緩和を進めてくれれば、再びチャンスが巡ってくるはずです。

孫社長はそこまで見通して、お互いにウィン・ウィンの提案を用意したのです。

実際にその後、スプリントとTモバイルが合併に向けて非公式の協議を再開したというニュースが伝えられています。

相手が求めるものを知り、相手が了承するしかない状況を作り出せば、一発で相手からイエスを引き出せる。

つまり「瞬速プレゼン」が成功するかどうかは、話す前の準備段階で9割がた勝負がついているということです。

相手が「イエス」以外、言えなくなる秘策

「話す前に勝負をつける」というプレゼン術は、孫社長の得意技です。

ソフトバンクが急成長できたのも、この〝準備力〟があったからです。

2006年、ソフトバンクはボーダフォン日本法人を買収し、念願だった携帯電話事業に参入しました。

買収額は、日本企業によるM&Aとしては当時の史上最大規模となる1兆7500億円。これだけ巨額の資金を調達できたのは、金融機関がイエスと言う

しかない状況を作ったからです。

このわずか5年前まで、ソフトバンクは通信事業で何の実績もありませんでした。そんな会社が「携帯電話会社を買収するから融資してくれ」と言っても、断られるだけです。

そこで孫社長は、2001年にADSL事業に参入。自社のユーザーを大きく増やしてから、今度は日本テレコムを買収して、固定電話会社としての実績や経営ノウハウ、ブランドを手に入れました。

こうしてソフトバンクは、1000万人のユーザーを持つ「大手通信事業会社」という地位を獲得しました。ここまでくれば、実績も社会的な信用も十分です。

孫社長はこうして準備を重ねた上で、ここぞというタイミングで金融機関からイエスを引き出し、ボーダフォン買収に必要な資金調達を成し遂げたのです。

孫社長はいつも**「交渉のやり方は『鯉とりまあしゃん』を見習え」**と言っています。

「鯉とりまあしゃん」とは、孫社長の実家に近い福岡県久留米市にかつて実在した鯉とりの名人です。

鯉とりまあしゃんは鯉をとる数日前から栄養価の高い食事をとり、当日は河原でたき火をして、自分の体を温めます。

そして裸のまま河に入り、水中に横たわってじっと待ちます。

すると温かな人肌を求めて鯉が寄ってくるので、それを腕で受け止めるだけで大物を捕獲できるのだそうです。

ずっと前から入念に準備し、相手が自然とこちらへ寄ってくるよう仕向けて、あとは難なく欲しいものを手に入れる。これはまさに孫社長のプレゼンと同じです。

「準備に時間をかけると、ゴールまで遠回りになるのでは?」と思うかもしれません。

しかし準備もせず、場当たり的な勝負をしても、負ければいちからやり直し。そんなことを繰り返していたら、いつまで経ってもゴールに到達できません。

もちろん余計な時間を費やすのはNGですが、コミュニケーションの本番で10秒以内に決着をつけるには、事前の戦略と準備が不可欠ということです。

孫社長のプレゼンのようにスピード決着を目指すなら、事前準備の重要性をしっかりと理解してください。

10秒でチェック！

- 「相手がイエスと言うしかない提案」を用意すれば、アメリカ大統領にも会える
- 「瞬速プレゼン」は、準備段階で９割がた勝負がついている
- 10秒以内に決着《ケリ》をつけるには、事前の戦略と準備が不可欠

「どう伝えるか」より、「何を伝えるか」

「瞬速プレゼン」は〝HOW〟よりも〝WHAT〟

孫社長がトランプ氏と会談したエピソードから、わかることがあります。

それは「『どう伝えるか』より、『何を伝えるか』が大事である」ということです。

孫社長が相手のイエスを即座に勝ち取れるのは、口がうまいからでも、トークスキルが特別に優れているからでもありません。

勝因はただ一つ、**「相手が求めることを話す」**だけです。


そもそも、海外の要人を相手にプレゼンするとき、使うのは英語です。

孫社長はアメリカに留学経験がありますが、それでもネイティブに比べれば英語は流暢《りゅうちょう》ではありませんし、使う語彙や表現も限られます。

それでも、どんな大物からも短時間で了承をとりつけてしまうのですから、話し方そのものがうまいかどうかは二の次だということです。

「瞬速プレゼン」では、「HOW」よりも「WHAT」が重要である。

これがコミュニケーションを高速化する大前提です。

普段の仕事で「なかなか相手に承認してもらえない」という人は、「相手が求めることを伝えていない」というのが最大の原因です。

とくに問題なのは、「情報のレベル」がずれていることです。

相手がどんな情報を欲しがるかは、その人の立場によって変わります。

たとえば、会社全体を見て判断しなくてはいけない社長と、自分のチームが関わる範囲のことを判断したい課長とでは、欲しがる情報は当然違ってきます。

ところが多くの人は、「自分のレベル」の情報をそのまま相手に伝えてしまいます。

現場の社員が課長に報告する場合、伝えるのはたいてい「担当レベル」の情報だけです。

しかし課長は、課全体のことを判断するための情報を求めています。つまり「管理職レベル」の情報を欲しがっているのです。

そこで「担当レベル」の情報だけ伝えられても、「これだけで課全体のことを決められるはずがない」と結論づけるしかありません。

なかなか上司の承認をもらえないのは、そのためです。

孫社長への報告には「数字」が必須

ソフトバンクでは、孫社長が経営幹部やマネジャーたちに、数字に裏づけられた論理的な説明をするよう徹底して求めます。

「今月の新規顧客獲得数は1万人です」と伝えるだけでは不十分。それは「現場レベル」の情報でしかありません。

「なぜ1万人なのか?」

「2万人に増やすにはどうすればいい?」

「3万人は狙えないのか? だとしたらその理由は?」

こうして孫社長にどんどん突っ込まれ、その場で答えられなければ即刻退場です。

しかし、それも当然のこと。

孫社長が求めるのは「社長レベル」の情報だからです。

それを提供できない人間が、「来月の新規顧客獲得数も、目標は1万人でいいでしょうか」と聞いたところで、孫社長からイエスをもらえるはずがありません。

「情報のレベル」のズレを解消しない限り、コミュニケーションを高速化することは

できないということです。

また、「行動に結びつく情報が含まれていない」のも、承認をもらえない大きな理由です。

第1章でお話しした通り、コミュニケーションとは「次のアクションを引き出すこと」です。

上司や取引先の承認をもらうのも、「自分や会社が次にどう動けばいいか」を決めることが目的のはずです。

しかし、相手が次の行動を判断するには、それに見合う情報が必要です。

そのポイントを外していたら、いくら情報をたくさん伝えても、相手は決断のしようがありません。

逆に「これさえ揃っていれば、相手はゴーサインを出すしかない」という情報を伝えれば、こちらが思う通りに承認をもらえるわけです。

これもやはり、「HOWよりWHAT」がカギになります。

とはいえ「社長や部長がどんな情報を欲しがっているかわからない」という人も多いでしょう。

相手に合わせて、どのように「情報のレベル」を変えていけばよいか。

その具体的な方法は、第3章で説明します。

ここではまず「何を伝えるか」の重要性をしっかりと認識してください。

10秒でチェック！

☑ 「瞬速プレゼン」の基本は、「どう伝えるか」より「何を伝えるか」

☑ 相手が求める「情報のレベル」に合わせれば、すぐにOKがもらえる

☑ 「行動に結びつく情報」や「数字」など、相手のアクションを引き出すためにはいくつかのポイントがある

相手がNOと言えなくなる「ダンドリ」の秘訣

私はこうやって、100枚の資料のOKをもらった

「瞬速プレゼン」を成功させるには、「いつ準備を始めるか」も重要です。

コミュニケーションをするからには、目指すゴールが決まっているはずです。

「○月×日の会議で、上司に企画を通す」

「△月◎日の商談で、取引先から受注をもらう」

このように、必ず「期限」と「目的」があります。

よって、ゴールから逆算して準備を始めなければ、「時間が足りず準備が間に合わなかった」ということになりかねません。

準備不足のままコミュニケーションしても、相手から即座に了承をもらうことは難しいでしょう。

コミュニケーションの準備は、「いつ、何をやるか」のスケジューリングがカギを握るのです。

ソフトバンク時代、孫社長が対外的なプレゼンや交渉に使う資料作りは、すべて秘書である私の仕事でした。

「6月20日の株主総会で使う資料を100枚作り、前日までに孫社長のOKをもらう」

当時の私の場合、たとえばこんなゴールを設定するわけです。

しかし秘書になったばかりの頃は、私もなかなか要領がつかめず、直前になってから資料を作り始めることもしょっちゅうでした。

そして期限ギリギリになってから孫社長に資料を見せるのですが、毎回のように「これじゃ使えない！」とダメ出しをくらいます。

当時の私は経営のことをろくに知らない若造だったので、孫社長が求める情報のツボを外しまくっていたに違いありません。

そして結局、本番当日まで徹夜で資料の作り直しをする。

そんなことが続きました。

「これでは余計な手間がかかりすぎるし、最悪の場合、期限にも間に合わないぞ」

そう思った私は、準備に着手するタイミングを早めることにしました。

ゴールから逆算し、「いつ、何をやるか」を洗い出してスケジューリングし、適切なタイミングで孫社長が何を求めているか確認をとりながら準備することにしたのです。

「そろそろ株主総会の資料作りを始めないと間に合わないのですが、今回必ず入れたい情報はありますか」

そう聞くと、「日本の財閥の歴史を調べておけ！」「飛行機の歴史と絡めてビジョンを話したい」といった要望が出てきます。

こうして**早めに方向性をもらっておけば、必要な情報を集める余裕もあるし、直前になって大きな手直しを指示されることもありません。**

「ゴールから逆算して、何をいつまでに準備するか」を決めるようになってからは、どんな資料も孫社長からなんとかＯＫがもらえるようになりました。

「タイミング」が絶妙だと上司から信頼され、評価される

このやり方なら、了承をもらう相手の時間を奪うことも防げます。

締め切り直前にダメ出しせざるを得ない資料を提出されたら、上司のほうも作り直

すまで待たされることになる上、もう一度資料をチェックする二度手間が発生します。「瞬時にイエスを言える」というコミュニケーションは、上司にとってもありがたいもの。それがあなたへの信頼や評価を高めることにもつながります。

準備のタイミングを意識することは、どんな仕事でも必要です。

営業マンが「商談で受注をもらう」のが目指すゴールなら、それまでのプロセスで「部下に競合の資料を集めてもらう」「自社のプロダクトについて開発部門にヒアリングする」「プレゼンの方向性について、上司と打ち合わせする」といった、いくつもの〝予備的コミュニケーション〟が発生するはずです。

それを**逆算してスケジューリングし、段取りを踏んで準備することが、最終的なプレゼンの場で即座に相手からイエスを引き出す秘訣**です。

10秒でチェック！

☑ コミュニケーションには、必ず目指す「期限」と「目的」がある

☑ ゴールから逆算して、「いつ準備を始めるか」のタイミングを見極めよ

☑ 適切なタイミングでコミュニケーションすれば、相手からの信頼も得られる

第3章

「情報」を制するものが「仕事」を制する

面白いほど、上司のYESを量産できる方法

◀◀◀

「DIKWモデル」で、相手の欲しい情報を提供する

第2章で、なかなか承認をもらえない人は、「情報のレベル」が相手の期待とずれていることが原因だとお伝えしました。

おそらく多くの人は、「情報にレベルなんてあるの？」と思ったでしょう。

多くの人は「情報」という言葉の定義をあいまいなまま使っていますが、実はその中には次の４つの意味が混在しています。

・「Data（データ）」：それ自体は意味がない数字や記号など
・「Information（情報）」：データを整理し、解釈や意味を持たせたもの。「who」「where」「what」「when」に答えられるもの
・「Knowledge（知識）」：情報を体系化し、まとめたもの。「how」に答えられるもの
・「Wisdom（知恵）」：価値基準を示すもの。「why」に答えられるもの

このように、ひと口に「情報」といっても、さまざまな性質を持つものが存在します。

アメリカのラッセル・L・アコフという学者は、この4つを明確に区分したフレームワークを提唱しました。

それが**「DIKWモデル」**（図1・79ページ）です。

このモデルで注目すべき点は、「情報」を「組織の階層」に当てはめたことです。

その人が組織の中でどのポジションにいるかで、求める「情報」の種類は変わります。

「DIKWモデル」では、それを明快に示しています。

・「Data（データ）」：「何がどうなのか？」＝実務レベル＝担当レベル
・「Information（情報）」：「どういう意味か？」＝戦術レベル＝管理職レベル
・「Knowledge（知識）」：「どう展開すべきか？」＝事業戦略レベル＝事業部長レベル
・「Wisdom（知恵）」：「なぜ当社がその事業をするべきか？」＝理念・全社戦略レベル＝社長・取締役レベル

「DIKWモデル」と組織の階層は、このように対応します。

図1 「DIKWモデル」で相手が欲しい“情報”を！

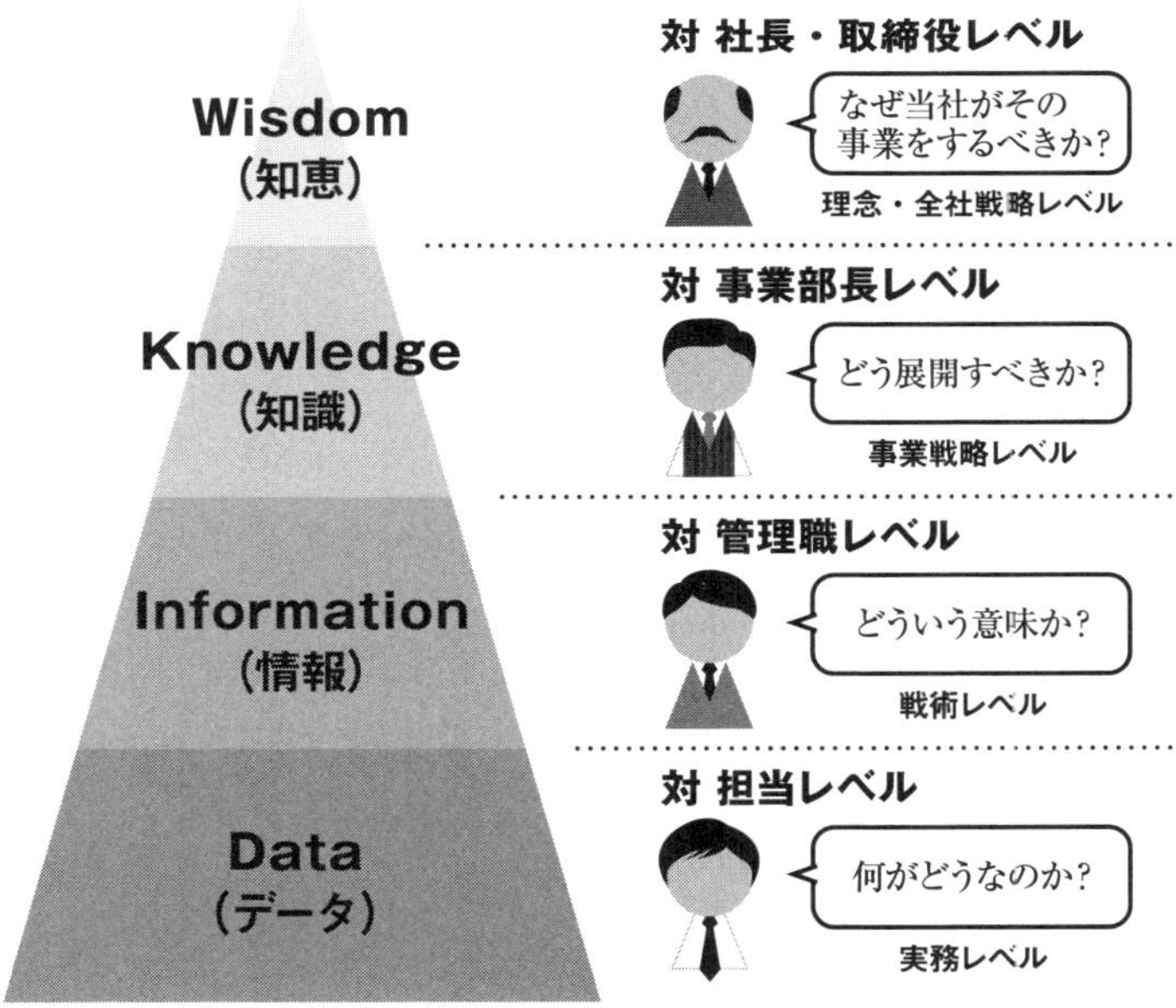

(Ackoff,1989年)

POINT!

相手の階層に合わせた「情報」を渡すことが一発OKをもらうためのカギ

これこそが、「あなたが承認をもらえない理由」をひもとくカギです。

たとえば、あなたが現場の担当社員で、上司である課長に報連相するとしたら、たいていは自分の目線のまま「Data（データ）＝担当レベル」の情報を渡してしまいます。

しかし課長は、「Information（情報）＝管理職レベル」の情報を求めています。

なのに、あなたが「Data（データ）」しか渡さなければ、「これじゃ不十分だ」「何が言いたいのかわからない」と突き返されるだけです。

あなたが管理職で、事業部長や取締役に報連相する場合も同じです。

相手が求めているのは「Knowledge（知識）」や「Wisdom（知恵）」なのに、「Data（データ）」や「Information（情報）」しか渡さなければ、やはりダメ出しをくらいます。

もしあなたが孫社長に報連相するとしたら、「Wisdom（知恵）」を伝えなければ、「次はもう来なくていい！」と即刻退場になるということです。

「2段上」の情報を渡すのがベスト

裏を返せば、「DIKWモデル」にもとづいて相手が求めるものを伝えれば、一発でOKがもらえるということです。

できれば自分が直接話す相手の階層に合わせるのではなく、「2段上」の情報を渡すのがベストです。

あなたが報連相する相手が課長だとしたら、自分にとって2段上の事業部長の目線に合わせて「Knowledge（知識）」を課長に伝えるのです。

あなたが課長に渡す情報は、課長が自分の上司に説明するためにも使われます。

よって、最初から2段上の情報を渡しておけば、あなたの報連相をそのまま課長が事業部長に伝えたときも、即座にイエスを引き出せます。

あなたの提案が一気に2段上まで通ると同時に、課長からも「君の報告通りに上に伝えたら、すぐ了承されたよ」と感謝されるでしょう。

「DIKWモデル」を理解すれば、組織の中で上に立つ人間を上手にコントロールし、自分がやりたい提案やアイデアをスピーディーに了承させる「キラーコンテンツ」を作ることが可能になるのです。

10秒でチェック！

- 多くの人が「情報」と呼ぶものには、「Data」「Information」「Knowledge」「Wisdom」の４つが混在している
- この４つはそれぞれ「組織の階層」に対応している
- 「DIKWモデル」で相手が求めているものを伝えれば、一発でOKがもらえる

瞬速プレゼン　10

一発ＯＫを連発する「情報加工」の技術

〝新規ビジネスを全国展開する〟事業計画を「ＤＩＫＷモデル」で作る

では「ＤＩＫＷモデル」を活用して、具体的にどうやって手元の情報を「相手が求めるもの」に加工すればよいのか。

あるケーススタディをもとに、それを説明しましょう。

Ａさんの会社は、子ども向けの教育ビジネスを手がけています。

これまでは、主にスマートフォンのアプリを活用した事業を進めてきましたが、社長が「そろそろ実際に店舗（教室）を出店して、リアルビジネスに本格参入したい」と方針を打ち出しました。

しかも社長は、「夢は大きいほうがいい」と言って、リアルビジネスを全国展開することを目指すゴールに設定します。

その実現に向け、東京・お茶の水で試験的に店舗も出しました。

この新規事業の担当に、あなたが選ばれたとします。

では、どんな事業計画を提案すれば、社長から了承を得られるでしょうか。

最終的に取締役会で社長の了承を得るには、「Wisdom（知恵）＝理念・全社戦略レベル」の形に加工して渡さなくてはいけません。

そこで、まずは「Data（データ）」を「Information（情報）」に加工します。

前述の通り、「Data（データ）」とは「何がどうなのか？」を示すものです。

あなたは「Data（データ）」を入手するため、自社アプリの購入履歴から、「年齢」「居住地」「購入開始時期」といった購入者の属性を洗い出しました。

アプリとリアルでサービス提供の形は違っても、自分の会社の教育サービスに関心を持つ層を分析することは必要だからです。

「データ」を「インフォメーション」に「インフォメーション」を「ナレッジ」に加工する

ただしこれらの「Data（データ）」は、単に「自社のアプリを買ってくれたのは、こんな人たちです」という過去の事実を確認する数字であり、それ自体は意味がありません。

では、この「Data（データ）」を「Information（情報）」に加工してみましょう。

リアルビジネスをやるなら、「地域性」を考えることが不可欠です。

いくら教育アプリを積極的に購入してくれるユーザーでも、教室から遠ければ通うことができないからです。

そこであなたは、地域別にどれだけユーザーがいるかを分析しました。

その結果が、図2です（87ページ）。

最も多いのは東京の15％で、その後は、愛知の12％、神奈川の11％、埼玉の10％、千葉の9％、大阪の8％、兵庫の4％と続きます。

ここからわかるのは、「東京（神奈川・埼玉・千葉含む）・名古屋・大阪の三大都市圏で7割弱を占めている」ということです。

これでようやく、ただのデータを「Information（情報）＝どういう意味か？」に加工できました。

あなたが現場の担当レベルで、直属の管理職から了承をもらいたいだけなら、この

図2 「データ」から「インフォメーション」へ

〈データ〉担当レベル

知育アプリの購入履歴

氏名	品目	居住地	年齢	購入開始時期	単価
山田 太郎	英検対策	静岡県	10歳	2015/05/03	650円
田中 次郎	算数検定	東京都	8歳	2016/11/12	650円
山本 慎太郎	英検対策	福岡県	11歳	2015/05/03	650円

⬇ 情報を加工すると

〈インフォメーション〉管理職レベル

地域別ユーザー数分布

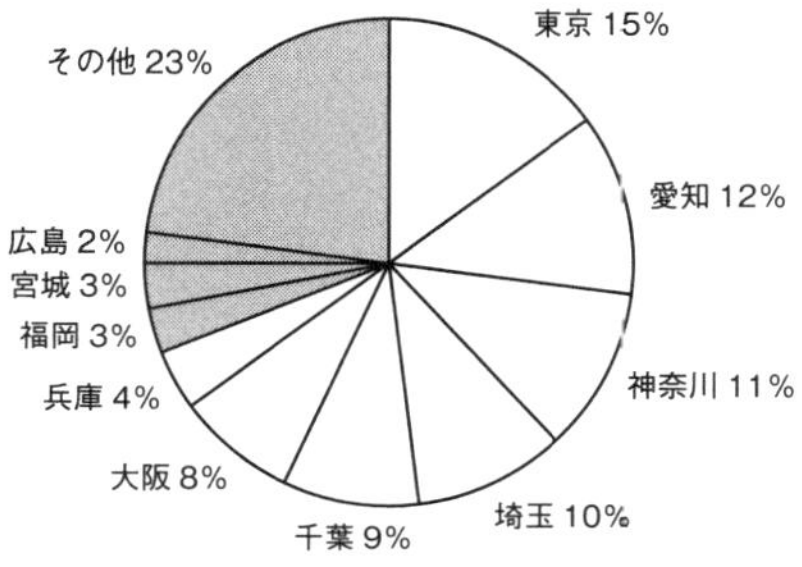

POINT!

**「インフォメーション」に加工したことで
三大都市圏が7割弱を占めることが判明！**

「Information（情報）」を渡すだけで相手は満足するかもしれません。

しかし、このケースで了承をもらうのは社長・取締役レベルなので、さらに加工が必要です。

では次に、この「Information（情報）」を「Knowledge（知識）＝どう展開すべきか?」に加工します。

このケースなら、「リアルの店舗をどう展開すべきか?」ということです。

これを判断するには、**「どの地域に店舗を出せば、どれだけ売上が出るか」という予想を立てなくてはいけません。**

そこであなたは、「店舗別売上予想」をはじき出しました。

試験的に出店したお茶の水店の月間売上は、300万円です。

そこで図2の比率でユーザーが獲得できると仮定し、お茶の水店がある「東京」の月間売上＝300万円と設定します。

「東京」のシェアが15%なので、12%の「愛知」の月間売上は240万円、11%の「神奈川」の月間売上は220万円……と、それぞれの店舗別売上を予想できます。

それをグラフにしたのが図3です（89ページ）。

図3「インフォメーション」を「ナレッジ」に

〈ナレッジ〉事業部長レベル

リアルの店舗をどう展開すべきか？

↓

どの地域に店舗を出せば、どれだけ売上が出るか？

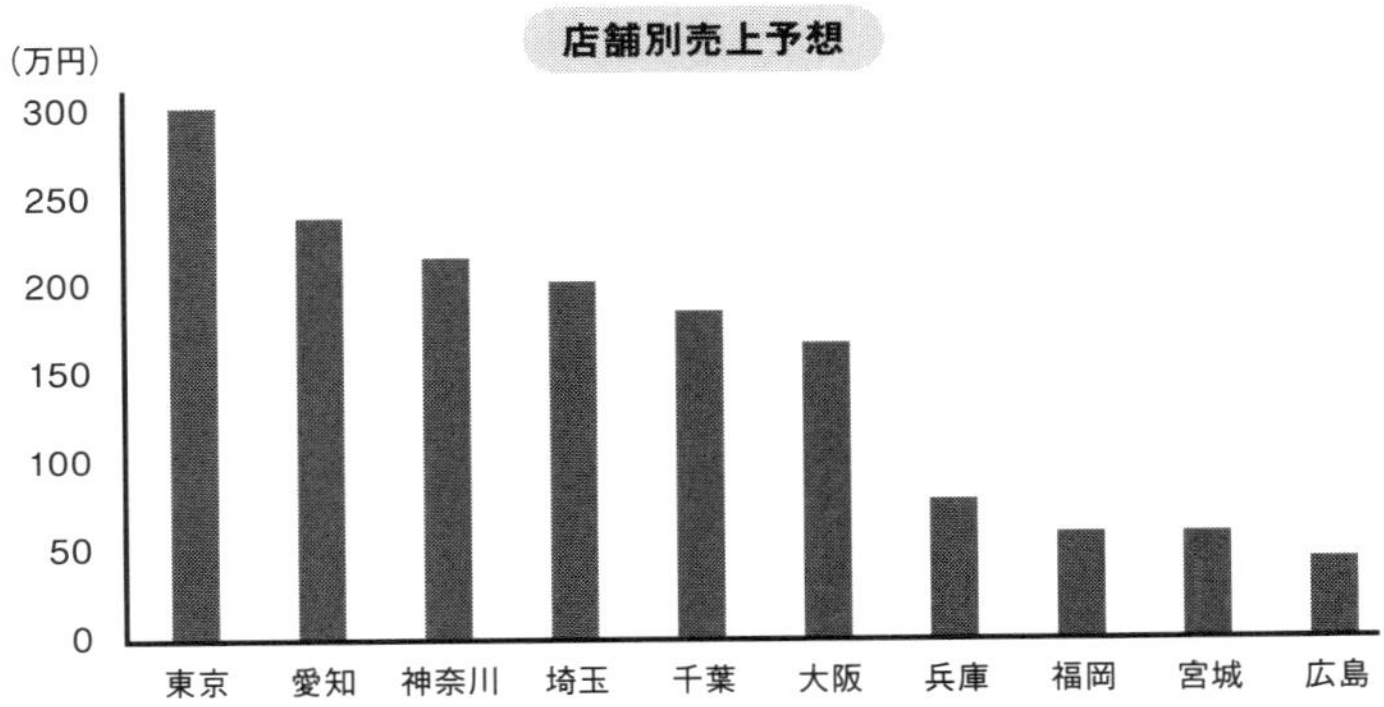

POINT!

> **「ナレッジ」レベルでも、三大都市圏に**
> **店舗を展開すべきだとわかった**

この図を見れば、「やはり東京・名古屋・大阪の三大都市圏で大きな売上が予想できるから、この地域に店舗を展開すべきだ」という「Knowledge（知識）」がわかります。


あなたが説得する相手が事業部長クラスなら、これで了承がもらえるでしょう。

ただしこのケースでは、イエスをもらう相手は社長です。

よって、この「Knowledge（知識）」を「Wisdom（知恵）」＝なぜ当社がその事業をするべきか？」に加工しなくてはいけません。

「事業をするべき理由＝利益が出るから」です。

そこで図3のグラフについて、**「利益が出る・出ない」の損益分岐点はどこかを考えてみましょう。**

試験店舗であるお茶の水店では、スタッフの賃金や店舗の賃料、光熱費などの固定費が1カ月で100万円かかります。

つまりひと月に100万円以上の売上がないと、利益は出ないわけです。

そこで図4のように、100万円で足切りしてみます（91ページ）。

図4 「ナレッジ」を「ウィズダム」へ①

〈ウィズダム〉 社長・取締役レベル

なぜ当社がその事業をするべきか？

事業をするべき理由＝利益が出るから

損益分岐点はどこか？

100万円で足切りしてみる

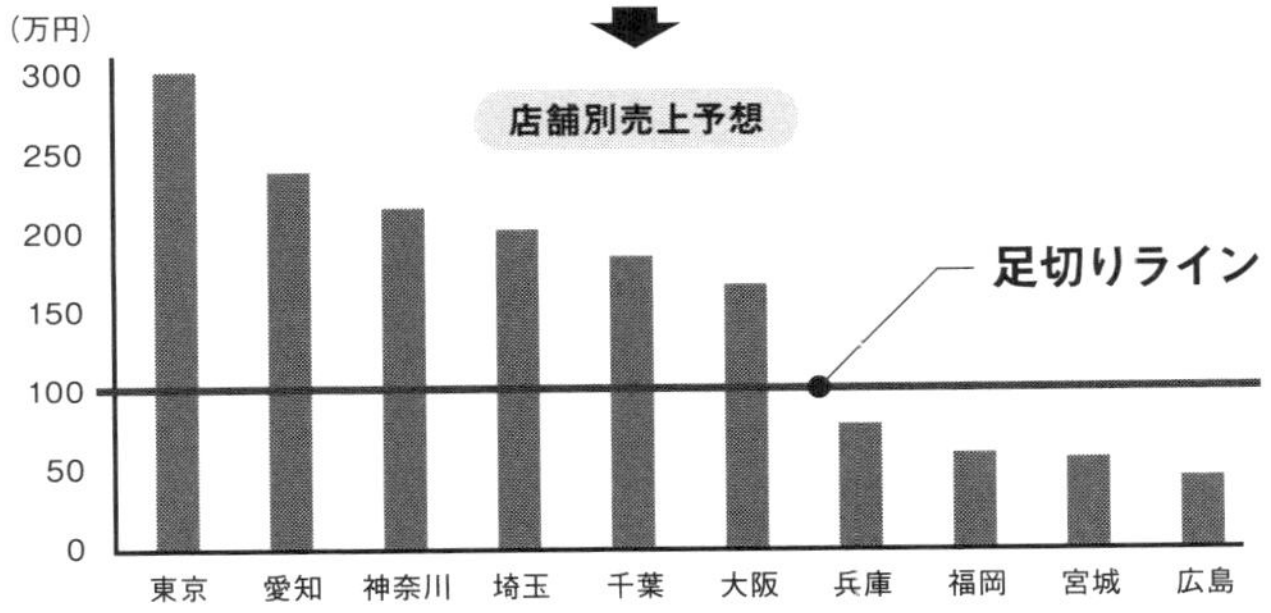

「東京・愛知・神奈川・埼玉・千葉・大阪」以外の地域は
利益が出ないから出店しない？

POINT!

「ウィズダム」にするには、社長の求めるゴール（＝全国展開）を実現する“固定費を少なくする方法”まで検討する！

すると、利益が出る店舗は「東京・愛知・神奈川・埼玉・千葉・大阪」だと明らかになりました。

そして残りの地域は「出店すべきでない」という結論になります。

最終的な提案は「相手が求めるゴール」を意識せよ

ただし、これが「Wisdom（知恵）」だと考えるのは早計です。

なぜなら**社長は、「全国展開」を望んでいる**からです。

その相手に「九州や東北は出店すべきではありません」と言ったところで、すぐに了承を得られるとは考えにくいはずです。

では、あなたは一体どうすればいいのか。

それは、**「固定費を少なくする方法」を検討する**ことです。

「固定費が1カ月で100万円かかる」という前提で考えれば、「三大都市圏以外は出店すべきでない」という結論になります。

しかし固定費を70万円や50万円に下げることができれば、図4ではじかれた地域に出店できる可能性も生まれます。

たとえば、教室の賃料を削減するために、既存の学習塾と提携して同じ教室を使わせてもらってはどうか。あるいは、自社の教育アプリを既存の学習塾に無料で貸し出す代わりに、賃料や光熱費を格安で使わせてもらう契約を結んではどうか。

ここまで考え抜いた提案が「Wisdom（知恵）＝理念・全社戦略レベル」の情報となり、社長や取締役が即断即決できるものになるのです（図5・94ページ）。

このように、自分が持つ情報を「相手が求める情報」に加工することが、一発ＯＫを実現する秘訣です。

そのためには、自分が了承をもらいたい相手の立場になって考えることが不可欠です。

「自分ありき」ではなく「相手ありき」で考えることが、結局は自分の仕事を速くするのだと心得ましょう。

図5 「ナレッジ」を「ウィズダム」へ②

〈ウィズダム〉社長・取締役レベル

「社長の求めるゴール＝全国展開」を実現するには？

↓

「固定費（損益分岐点）を下げる方法」を検討する！

↓

たとえば、

☑ 教室の賃料を削減するために、既存の学習塾と提携し、
　同じ教室を使わせてもらってはどうか？

☑ 自社の教育アプリを既存の学習塾に無料で貸し出す代わりに、
　賃料や光熱費を格安で使わせてもらう契約を結んではどうか？

……etc.

のように、固定費（損益分岐点）を下げてみる。すると……

↓

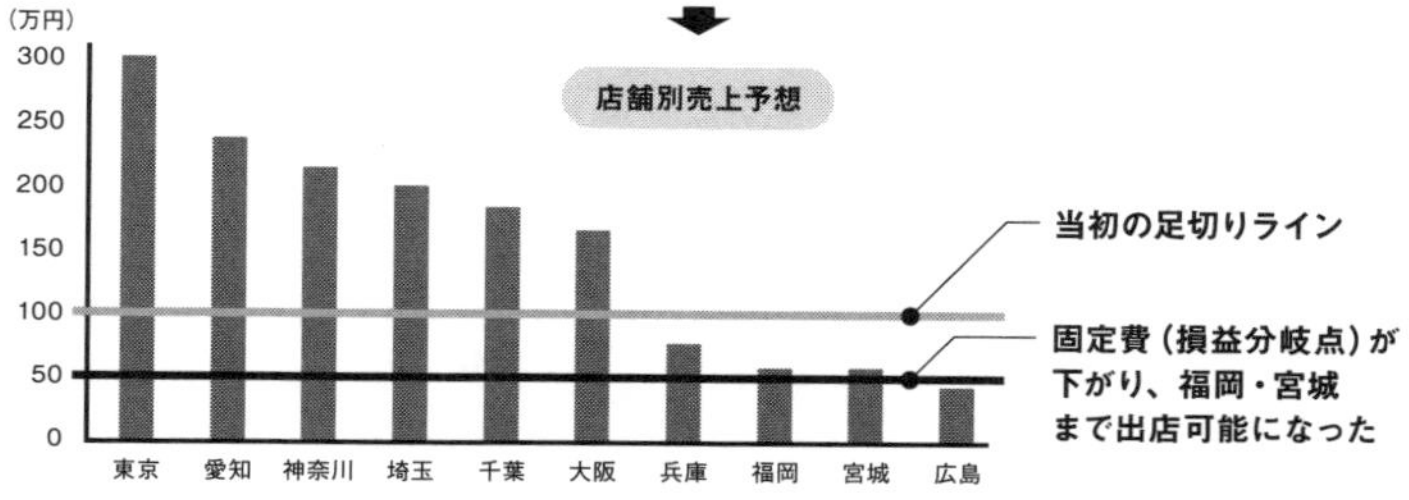

↓

「社長の求めるゴール＝全国展開」の実現が見えてきた！

↓

POINT!

**「社長が求める情報」に加工することが、
一発OKを実現するポイント**

10秒でチェック！

☑ 相手に応じて「情報のレベル」を変えることが、すぐに了承をもらう秘訣

☑「DIKWモデル」で相手の視点に立てば、情報のレベルを変えるのは難しくない

☑「DIKWモデル」のフレームワークだけで完結せず、相手が描く夢やビジョンを考慮して提案することが大事

「3日で1万個」のむちゃぶりをクリアした秘策

アウトプットが加速する「構造化」のテクニック

「経営についてのすべての要素を1万個リストアップしろ!」

これがソフトバンクに入社して、孫社長から私に与えられた最初の仕事でした。

しかも、与えられた時間はわずか3日間。経営の〝け〟の字も知らない25歳の若造に与えるミッションにしては、あまりにハードルが高すぎます。

とにかく思いつくまま経営要素を書き出したものの、すぐにネタは尽きてしまいました。私に経営の知識がないのだから、それも当然です。

そこで私は、はたと気づきました。

「自分の頭の中身を並べていくだけでは、1万個も要素を出せるわけがない」

では、どうすればいいか。

私が出した答えが、**「構造化」**でした。

構造化とは、その名の通り、最初に全体の構造を明らかにする手法です。

小さな要素を積み上げていくのではなく、まずは大きな単位やパターンの軸を決めて全体をとらえ、そこに小さな要素を当てはめていく。

これが「構造化」です。

1万個の経営要素を挙げる作業を、私は次のように構造化しました。

まずは、経営に関する大きな要素を10個書き出します。

「経営戦略」「財務」「法務」「人事」「組織」といったものです。

次に、この10個の要素を、それぞれ10個ずつに分けます。

「経営戦略」→「商品戦略／マーケティング戦略／販売戦略……etc」、「財務」→「資金調達／資本政策／キャッシュフロー管理……etc」などとなります。

これで「**10要素×10要素＝100要素**」です。

この100要素を、さらに小さく分けます。

「資金調達」→「株式発行／銀行融資／ベンチャーキャピタル／証券化……etc」

こうしてブレイクダウンしていくことで、私は「3日間で1万個の経営要素」というミッションを成し遂げることができたのです。

私が必死の思いで提出したリストを孫社長はプリントアウトし、常に持ち歩いていました。おそらく経営に関するチェックリストとして使っていたのだと思います。

とにかく私は、「構造化」によって孫社長の期待に応えることができたわけです。

「構造化」で上司の決断もスピードアップする

なぜ「構造化」が、上司に一発ＯＫをもらうのに役立つのか。

それは、**組織の上の人間ほど、「全体の構造に当てはめて考える」**からです。

たとえば、経営者が「売上」について考えるときは、「顧客数×顧客単価」という要素に分解し、構造化して考えます。

孫社長に「今月の売上はいくらです」と報告しても、裏づけとなる顧客数や顧客単価が情報に含まれていないと、「それはなぜだ？」と聞き返されるのはそのためです。

ところが、現場に近い人ほど、全体の構造が見えにくくなります。

若い人は新しいテクノロジーやトレンドはよく知っていても、それを経営全体やチーム全体にどう当てはめるかという視点がどうしても抜けてしまうのです。

だから上司に「いま話題のＳＮＳを使って、こんなプロモーションをやりましょう。

絶対に受けますよ！」と提案しても、相手はなかなか納得しません。

いくらアイデアが秀逸でも、上司は「自社やチームの経営に当てはめたとき、それが本当に実現可能なのか？」がわからなければゴーサインを出せないからです。

でも、**アイデアを構造化して提案すれば、上司の反応は変わります。**

自社のビジネス全体から考え、そのプロモーションを実現するために必要な「資金」「人脈」「ＩＴシステム」といった要素を洗い出し、そこに自分のアイデアを当てはめていけば、全体を構造化できます。

その裏づけとともに上司に提案すれば、相手の思考のフレームワークにピタリとはまるので、了承がもらいやすくなるのです。

「構造化」は、上司の決断をスピードアップする技術です。

プレゼンや資料作りの際は、ぜひこのテクニックを活用してください。

10秒でチェック！

☑ 上司が求めるのは「構造化」された情報である

☑ 情報を構造化するには、まずは大きな単位やパターンの軸を決めて全体をとらえる

☑ 構造化された情報が、上司の決断をスピードアップする

上司を即断即決させるには「ビジネスのセオリー」が不可欠

上司が知りたい「数字のツボ」を押さえる

前項で、経営者は「売上＝顧客数×顧客単価」で考えると話しました。

このように、経営者や上司が知りたい数字は、だいたい決まっています。

あなたの会社でも、ゴール達成のためにさまざまなＫＰＩ（重要業績評価指標）やＫＧＩ（重要目標達成指標）が設定されているはずです。

それこそが、上の人間が知りたい数字ということ。

ですから、これらの**数字をあらかじめ報告や資料に入れておけば、即座に了承をもらいやすくなります。**

孫社長は、極めて数字へのこだわりが強い経営者です。

そのため、ソフトバンクでは、孫社長の〝数字のツボ〟を押さえなければ、どんな報告や提案も決して納得してはもらえません。

そこで、私を含めたソフトバンクの社員たちが常に意識するよう叩き込まれた指標や数値はどんなものか、代表的なところをご紹介しましょう。

・1人あたりの顧客獲得コスト

ソフトバンクが新たなサービスを売り出すとき、初期段階では「顧客数」を増やすことに注力します。一定の顧客数を獲得するまで、コストや採算はほぼ度外視です。ただし、ある時点になったら、「1人あたりの顧客獲得コスト」を厳しくコントロールします。**最終的にその事業で利益を出すには、顧客獲得コストをできるだけ下げることが不可欠**だからです。

たとえばADSL事業「Yahoo! BB」では、出店する場所やスタッフの配置などを徹底的に分析して、より効率的に顧客を獲得する方法を割り出しました。

これにより、1人あたりの顧客獲得コストを最小化し、ADSL事業も黒字化を達成できました。

・ライフタイムバリュー（LTV）

これは「**1人の顧客が一生のうちにもたらしてくれる価値や利益**」です。

一度売ったら終わりではなく、1人の顧客が長く継続して購入を続けてくれれば、企業は小さなコストで大きな利益を得ることができます。

孫社長も常にライフタイムバリューを意識したビジネスを展開してきました。

携帯電話もADSLもPepperも、いったんサービスを購入した顧客の大半が、その後も継続して利用し続けるビジネスモデルになっています。

今後少子化が進む日本においては、どんなビジネスにおいても、「1人の顧客から得られる利益を最大化する」という発想が不可欠です。

・残存率／離脱率

ライフタイムバリューを考える上で重要な数字です。

いったんサービスを購入した顧客のうち、その後も継続する割合と離脱する割合はそれぞれどれくらいか。

この残存率と離脱率を、購入から「1週間目」「1カ月目」「3カ月目」といった節目ごとに計測することで、ライフタイムバリューを最大化するための指標とします。

・歩留り

もともとは製造業における良品率を示す言葉で、歩留りが高いほど不良品が少なく、低いほど不良品が多いことを意味します。

一般のビジネスでも、**「プロセスごとの成功率」を確認するのに重宝**します。

たとえば、英会話教室が無料カウンセリングの受付をしたところ、20人の申し込みがあったとします。

しかし実際にカウンセリングに来たのが14人なら、歩留りは70％。さらに、無料カウンセリングを受けた人のうち、入会したのが7人なら、歩留りは50％となります。

こうしてプロセスごとに歩留りをチェックすると、「『無料カウンセリング→入会』の段階で特に歩留りが悪いから、まずはこの数字を上げるための改善策を考えよう」といった優先順位が明確になり、スピーディーな問題解決が可能になります。

・将来キャッシュフロー

その名の通り、「将来発生する現金の収支」です。

要するに、「うちの会社はあと○年でこれだけキャッシュを稼ぎます」という数字であり、会社の経営計画や財務予算などから見積もります。

この**「将来キャッシュフロー」は、すなわち「企業価値」**です。

将来キャッシュフローの数字が大きいほど企業価値が高いと見なされ、金融機関から資金を調達しやすくなります。

孫社長が桁外れの額の資金を調達して世間を驚かせることがありますが、それは常に将来キャッシュフローを最大化し、企業価値を高める戦略をとっているからです。

・EBITDA（イービットダー）

これも「企業価値」を測定する指標の一つです。

財務分析上の数値で、「営業利益（税引前利益＋支払利息）＋減価償却費」で算出します。

減価償却費や金利を差し引く前の数字なので、借入金が多い会社と自己資本の多い会社を同列に比較し、長期的な視点から企業価値を比較検討できます。

会計上の「営業利益」だけで見ると、借入金の多い会社の企業価値が低く見えますが、ＥＢＩＴＤＡで見ればその企業の本当の価値が見えてくるということです。

孫社長は、「借金できるということは、金融機関がそれだけソフトバンクの価値を認めているということだ」として、「どんどん借金すればいい」という考えです。

「借金も企業価値である」と明言する孫社長だからこそ、将来キャッシュフローと合わせて、ＥＢＩＴＤＡを重要な指標として扱うのです。

こうした指標や数値は、ソフトバンク以外の会社でも、経営者や管理職は重視しているはずです。

そのため、報告や提案の際も、上司を納得させる材料として効果的に使えるでしょう。

いわばビジネスのセオリーの一つとして、これらの数字を理解しておくことをお勧めします。

10秒でチェック!

☑ 経営者や上司が知りたい数字は、だいたい決まっている

☑ 会社から与えられたKPIこそ、上が知りたい情報である

☑ 「数字のツボ」をつけば、上司はすぐに納得する

決断できない上司を決断させる方法

上司が決断できないのはリスクを負うのが怖いから

「ＤＩＫＷモデル」を駆使して２段上の視点で提案し、数字や指標のツボをバッチリ押さえたにもかかわらず、上司が即断即決できないことがあります。

「う〜ん、とてもいい提案だと思うけど……、ちょっと考えさせてくれる？」

そんな優柔不断な上司に手を焼いている人は多いかもしれません。

この場合、上司が決断できない理由は一つ。

「リスクを負うのが怖いから」です。

部下の提案にゴーサインを出した結果、もし失敗したら、上から責任を問われるのは上司である自分——。

そう考えるから、決断に二の足を踏むのです。

そんな〝怖がり上司〟から了承をもらうには、コツがあります。

一つが「**できるだけノーリスクの提案を考えること**」。もう一つが「**あらかじめ失**

敗を織り込んだ提案をすること」です。

相手がリスクを恐れるなら、その要因をできるだけ取り除いてしまえばいい。

これが、怖がり上司に対する一つのアプローチです。

普段の上司の考えや行動の傾向を見ていれば、「この提案をしたら、部長は予算を心配するだろう」「課長は納期に間に合うかどうかを不安視するだろうな」といった予測がつくはずです。

だったら、それをあらかじめ取り除いた提案をすればいいのです。

たとえば、84ページで紹介したケーススタディで、社長がリスクを恐れるタイプだったら、「固定費を抑えれば全国展開できるというが、本当にコストを下げられるのか？」と最後の最後で決断を迷うかもしれません。

その時、あなたが「実はすでにいくつかの学習塾をあたって、教室の一部を使わせてもらった場合、毎月のコストは平均で50万円に抑えられることを確認済です」と言えたらどうでしょうか。

これを図5（94ページ）の店舗別売上予想とともに伝えれば、「固定費が50万円なら、福岡や宮城に出店しても利益が出る」と相手に示せます。

ほぼノーリスクで実行できるとわかれば、社長も安心して決断できるはずです。

あるいは、**「まずは一部だけ新しいことを試す」というやり方で、リスクを最小化する方法**もあります。

「新しい外注先に仕事を依頼したい」と考えたとき、上司は「これまで取引のない相手だから、何か問題が起こったらどうするんだ」と心配することが予想できます。

そこでまずは「業務全体の1割を新しい外注先に切り替えたい」と提案します。

すべての仕事をいきなり新しい業者に発注するのはリスクが大きくても、1割だけであれば、たとえうまくいかなくても影響は最小限で済みます。その1割をまた従来の業者に戻せば、損失もすぐに取り戻せるでしょう。

リスクが10分の1なら、〝怖がり上司〟もゴーサインを出しやすくなります。

もし新しい会社が予想以上の成果を出してくれたら、しめたもの。発注の割合を3割や6割に増やしたいと提案しても、上司はもうダメとは言わないはずです。

リスクや失敗を「想定内」にすれば上司も安心してOKを出せる

自分の提案にあらかじめ失敗を織り込んでおくことも、上司を動かす方法として非常に効果的です。

人間は、「わからないこと」に対して恐怖を感じます。失敗が怖いというより、「どんな結果になるかわからない」から不安になるのです。

だったら、提案の時点でこう伝えればいいでしょう。

「これをやると短期的には失敗する可能性があります。しかし、その場合はこんな方法でリカバリーするので、最終的には目標を達成できます」

すると上司も、「失敗も想定した上で、ゴールを達成できるプランなのだな」と納得し、OKを出しやすくなります。

つまり「これから起こるすべての状況を自分でコントロールできます」と示せばいいのです。

私が英会話事業「トライズ」を立ち上げたときも、出資者に対してこの方法を使いました。

「最初は高いコストをかけてあらゆる集客手法を試すので、単月では一時的に赤字になります。ただし、そこから最も効果の高い手法に絞り込んでいき、今から1年後には必ず単月黒字にします」

こうして最初から「初期段階の赤字は想定内」と伝えたことで、出資者たちの了承を得ることができました。

当たり前ですが、組織の中でポジションが上がるほど、負う責任も大きくなります。だからこそ、上の人間に了承をもらうには、いかにリスクコントロールした情報を渡せるかがカギになると心得てください。

10秒でチェック！

☑ 上司が即決できないのは、リスクを負うのが怖いから

☑ 「ノーリスクの提案を考えること」と「あらかじめリスクを織り込んだ提案をすること」が〝怖がり上司〟への対応策

☑ 組織の上にいる人間に了承をもらうには、リスクコントロールした情報を渡せ

社外プレゼンや交渉で勝つ「最強の戦略」とは？

自分たちが勝てるドメインを設定する

仕事でコミュニケーションする相手は、社内の人間だけではありません。クライアントや協力会社、金融機関など、外部の人に対して「瞬速プレゼン」を必要とする場面も多々あります。

営業が顧客にプレゼンして、競合他社ではなく自社の商品を選んでもらう。財務担当者が銀行にプレゼンして、融資を引き出す。企画担当者が他社にプレゼンして、自社との共同プロジェクトを成立させる。こうした場面で、相手に了承させるにはどうすればいいか。

それは**「自分たちと組めば勝てる」と相手に思わせる情報を渡す**ことです。

それを可能にする情報加工のテクニックが、**「ナンバーワン戦略」**です。

孫社長がプレゼンで勝ち続けてきたのも、この必勝法を使っているからです。

「自分がこの分野のナンバーワンだ」と示すことができれば、相手も「この人（会社）と組みたい！」と考えます。

ビジネスの世界では、誰もが「勝ち馬に乗りたい」と考えています。「ナンバーワンである」ということは、圧倒的な勝者であることの証明であり、「この人（会社）について行けば、自分たちも儲かる」と思わせる力があるのです。

こう聞くと、「自分の会社は業界1位とはほど遠いから、そんな戦略は使えない」と思うかもしれません。

しかし、ここに情報加工のポイントがあります。

どんなに小さくてもいいから、「この領域なら自分たちが一番になれる」というドメインを設定すればいいのです。

たとえば、「食品業界で業界7位」の会社でも、「健康食品の通販売上で第1位」「首都圏のドラッグストアにおける販売個数で第1位」と言えるかもしれません。

それも無理なら、さらにドメインを小さくすれば、「青汁の定期購入契約者数が業界ナンバーワン」とか「サプリメントのリピート購入率ナンバーワン」といった、何かしらの情報を見つけ出すことができるはずです。

そしてプレゼンでは、その情報を前面に打ち出します。

どんなにニッチな領域でもいいから、「自分たちはナンバーワンだ」と言い切る。

これが孫社長流「ナンバーワン戦略」です。

iPhoneを独占販売できたのもコレが勝因

孫社長がADSL事業に参入したのも、ナンバーワンになるためです。

当時は競合する事業者はほとんど存在せず、何社かの小さなベンチャーが細々とADSLサービスを提供していた程度。ユーザーも数万人ほどの小さな市場でした。

このニッチな領域に目をつけた孫社長は、いきなり100万人のユーザー獲得を目標に掲げて「Yahoo! BB」を開始し、あっという間にナンバーワンになりました。

そして、「ソフトバンクはADSLのナンバーワン企業である」という情報を武器に交渉を繰り広げ、日本テレコムとボーダフォン日本法人の買収に次々と成功しました。

また、アップルとiPhoneの日本独占販売権を獲得する際も、この必勝法を存分に駆使したと聞いています。

当時、携帯電話の販売実績ナンバーワンはNTTドコモでした。

しかし孫社長は、「ソフトバンクは、日本の携帯電話の純増ナンバーワンである」とプレゼンで強調したと思います。

また、「ソフトバンクはアジアのインターネット市場でナンバーワンである」とも伝えました。ソフトバンクグループは、Yahoo! JAPANや中国のネット通販大手のアリババやタオバオを抱えているので、こんな情報の伝え方ができたわけです。

ドメイン設定を「携帯電話の販売実績」ではなく「携帯電話の純増台数」に、「日本の携帯電話業界」ではなく「アジアのインターネット業界」にそれぞれ変えたことで、孫社長は堂々と「自分たちはナンバーワンだ」と言い切ることができました。

ビジネスの規模や実績だけで戦おうとすると、中小企業やベンチャー企業は大企業に勝つことができません。

だからこそ、自分たちが勝てるドメインを設定することが秘策となるのです。

10秒でチェック！

☑ プレゼンや交渉で勝つには、「自分たちと組めば勝てる」と相手に思わせること

☑ 自分たちが勝てるドメインを設定し、「我々がナンバーワンだ」と言い切る

☑ ドメインの設定次第で、どんな組織や個人も「ナンバーワン」になれる

第④章

10秒で即決させるには、1枚のメモを作りなさい

A4・1枚のメモが「10秒で即決」を可能にする

◀◀◀

人間がインプットできる情報量は「耳」より「目」のほうが多い

誰かとコミュニケーションするときは、1枚のメモを作る。

これは「瞬速プレゼン」の鉄則です。

なぜなら人間がインプットできる情報量は、「耳から」よりも「目から」のほうが多いからです。

NHKのアナウンサーは「1分間に300文字」の速さで原稿を読むそうですが、それは聞く人が耳から受け取れる情報量に合わせているからです。

たくさん伝えたいからといって、これ以上の早口でまくしたてても、相手は情報が頭に入りきりません。

一方、文字を目で追う場合は、1分間に400文字から600文字をインプットできます。**同じ時間でも、口頭の会話より、文字を読むほうがより多くの情報を理解できる**ということです。

そのため、自分が言いたいことを相手に短時間で理解してもらうには、メモを見せながら話すほうが断然速くなります。

孫社長も、社外・社内を問わず、人と会うときは必ず私に資料を用意させました。

そのほうが、コミュニケーションが加速すると知っていたからです。

特に、忙しい相手をつかまえて一瞬で決着をつけなくてはいけない場面では、メモは必須アイテムです。

居合い斬りのコミュニケーションは、メモを作ることから始まると心得ましょう。

ちょっとした報連相なら、メモは箇条書き程度のもので構いません。

それでも、口頭のみで伝えるより、コミュニケーションのスピードは格段に上がります。

会議やプレゼン、商談などで使う資料なら、A４の紙にまとめることをお勧めします。

A４サイズなら、ひと目で全体を見渡せるからです。

これなら相手もパッと見ただけで、こちらの伝えたいことの全体像をつかめます。

つまり、情報をすぐに「構造化」できるのです。

これがA３サイズだと、スペースが人間の視野より広くなるため、一瞬ですべての情報を把握できません。

紙のあちこちに視線を動かしながら、断片的に情報をインプットすることになるので、頭の中でそれらを組み立てる時間がかかります。

その分、コミュニケーションも遅くなってしまいます。

それに、紙のサイズが大きいと、あれもこれもと余計な情報を入れたくなります。するど、メモを見ながら説明する時間も長くなり、ますます相手はインプットに時間がかかります。

メモを作るときは、「A4・1枚」に簡潔にまとめること。

それが、相手に10秒で即決させる秘訣です。

メモを作るときは文字だけでなく図も活用

なお、伝える情報が複雑な場合は、ぜひ文字だけでなく図も活用してください。

たとえば「資金調達のストラクチャー」といった内容を文字だけでまとめると、長々とした文章になってしまいます。

しかし、「本社」「子会社」「金融機関」「ジョイントベンチャー」といったプレイヤーを書き出し、その間のお金の流れを**図式化すれば、ひと目で全体像を理解できます。**

情報を図式化する作業は、自分が全体を構造化してとらえられているかの確認にもなるので、口頭での説明もよりわかりやすいものになるはずです。

このように、メモを作ることにはさまざまなメリットがあります。

「瞬速プレゼン」を実践するには、「話す前に書く」を習慣づけることから始めてください。

10秒でチェック！

☑ 人間は口頭の会話より、文字を読むほうがより多くの情報を理解できる

☑ 相手に短時間で理解してもらうには、メモを作ることが必須

☑ メモは「A4・1枚」に簡潔にまとめる

「10秒で即決させる資料」の6つのポイント

相手が欲しい情報を構造化しインプット・アウトプットを定義する

では、10秒で相手に即決させる資料（メモ）とは、具体的にどのようなものか。

情報に関する基本的な考え方やフレームワークは、第2・3章でお話ししました。

それも含めて、情報を**どのように紙に落とし込めばいいか**を説明しましょう。

ポイントは、次の6つです。

【1】相手が欲しい情報を入れる

第2章でお伝えした通り、相手に即決させるには、「相手が欲しい情報」「相手のレベルに合わせた情報」を伝えます。

そして、相手が求める情報のレベルに合わせるノウハウとして、「DIKWモデル」を紹介しました。資料に入れる情報は、このモデルを使って加工します。

できればコミュニケーションする直接の相手ではなく、自分から見て「2段上」のレベルの情報を入れましょう。

【2】構造化する

これも第2章で説明した重要なポイントです。

組織の中で上の立場になるほど、「全体の構造」に当てはめて情報を理解します。

よって、上司に即決させるには、**自分が渡す情報が構造化されているかどうか**がカギを握ります。

【3】「定義」を決める

仕事には、必ず「インプット」と「アウトプット」があります。

よって、相手が求めるアウトプットを示せば、即座にOKをもらえます。

ところが、インプットとアウトプットの定義が曖昧なまま、仕事が何となく進んでしまうことは珍しくありません。

たとえば、「ユーザーの『課金』は87%完了しました」と資料に表記したとします。

これを「87%のユーザーから料金を徴収しました」という意味で使う人は少なくありません。

ところが、経理や財務などのお金の専門家にとって、「課金」とは「ユーザーがいくら支払うかを決定し、請求する」という意味です。

これらの専門家にとって、実際に料金を徴収することは、「課金」ではなく「決済」と表現します。

では、会社が求めるアウトプットの指標は「課金率」なのか「決済率」なのか。

その定義を曖昧にしたままでは、意味のない情報を資料に入れることになります。

アウトプットの定義は、わかっているようで実はズレていることが多いので、準備段階でコミュニケーションする相手と定義のすり合わせをすることが必要です。

【4】数値化する

数字は誰にとっても絶対的な客観的事実です。

だからこそ、**資料に数字が入っていないと、相手は確固たる判断基準を持てません。**

相手の主観やその時の気分で「これはＯＫ」「これはダメ」などと言わせないためにも、「イエス／ノー」を見極めるための数字は必ず入れましょう。

【5】「つかみ」を工夫する

コミュニケーションは「最初のひと言」が大事です。

冒頭で「この人の言うことは面白そうだぞ」と思わせなければ、いくら説得力のある情報を提示しても、相手は右から左へと聞き流してしまいます。

ビジネスの場合、「つかみ＝結論」です。

最後まで聞いたり読んだりしないと何を言いたいのかわからないコミュニケーションほど、嫌われるものはありません。

ソフトバンクでは、パワーポイントの資料の1行目に「私はこんな提言をします」という結論を、15文字から25文字で簡潔にまとめて記します。

それがなければ、孫社長から「何が言いたいんだ⁉」とお叱りを受けるからです。

「つかみが命」というのは、ソフトバンクにおける資料作成の流儀なのです。

【6】ワンスライド・ワンメッセージ

【5】の「つかみ」とも関係しますが、パワーポイントなど大勢の前で見せる資料は、「ワンスライド・ワンメッセージ」が基本です。

先ほども言ったように、情報量が多すぎると、理解するまでにかかる時間は長くなります。

伝えたいことがたくさんあっても、その中で優先順位をつけて、**資料には要点だけを落とし込むのが基本**です。

なお、上司に渡す資料は「**文字を大きめに**」がポイントです。

老眼は40代から始まるので、相手が上の年代の場合、文字が小さい資料を渡しても、「見にくくてよくわからない」ということになってしまいます。

これらを押さえれば、あなたの資料は「ひと目でわかる」ものになります。

ちょっとしたコツを知るだけで、相手を10秒で即決させることができるのです。

10秒でチェック！

- ☑ 「10秒で即決させる資料」にはポイントがある
- ☑ 相手が欲しい情報を構造化して示し、客観的な数字を入れる
- ☑ 冒頭の「つかみ」を意識し、「ワンスライド・ワンメッセージ」で情報は要点のみに絞る

資料を作るスピードも高速化せよ！

「ロジック」よりも「スピード」

「話す前に書く」が「瞬速プレゼン」を成功させる秘訣ですが、かといって資料やメモの作成に余計な時間をかけては本末転倒です。

「相手にわかりやすく説明しなくては」と思うあまり、複雑なロジックやフレームワークを駆使して手の込んだ資料を作る人がいます。

しかし、それがコミュニケーションのスピードアップにつながるかと言えば、はなはだ疑問です。

なぜなら、会話の相手はたいていの場合、〝一般のビジネスパーソン〟だからです。

普段からロジカルシンキングを徹底し、フレームワークにも精通しているコンサルタント同士なら、たしかに精度の高い資料が役立つかもしれません。

しかし、一般のビジネスパーソンは、そこまで論理的な思考のトレーニングを受けていないことがほとんどです。

そんな相手に複雑なロジックを提示しても、ひと目で情報を理解できず、むしろ頭を混乱させることも少なくありません。

それではかえって、コミュニケーションが遅くなってしまいます。

しかも、**ロジックの精度を高めようとすればするほど、資料作りの時間は長くなります。**

コンサルタント出身者のビジネス書では、よくロジカルシンキングの基本は「ＭＥＣＥ（ミーシー）」であると強調されています。

「情報の重複や漏れがないこと」という意味ですが、一般の会社員が社内用の資料を作るのに、そこまで徹底してこだわる必要があるでしょうか。

「瞬速プレゼン」の目的は、あくまで特定の相手から了承をもらうことです。

自分の上司や顧客が細部のロジックにまでこだわる人なら別ですが、そうでなければ、相手が「うん、これでいいよ」と言ってくれれば目的は果たせます。

要するに、「相手が求める情報」さえ渡せれば、それでいいのです。

「瞬速プレゼン」において、重要なのはロジックの精度ではありません。

いかにコミュニケーションを効率化し、最小限の時間と手間で「相手から了承をもらう」という目的を果たせるかが本質であることを、改めてお伝えしておきます。

資料の素材集めは「紙ベース」で

資料作りを高速化するコツを、もう一つ教えましょう。

それは、素材集めは紙ベースで行うことです。

最近は、資料作りを最初から最後までパソコン上で済ませる人も多いと思いますが、私はあえて「ペーパー化」を推奨しています。

なぜなら、**紙にしたほうが、情報の一覧性が高まる**からです。

たとえば私は以前、メディアからの取材で「トランプ大統領の英語を分析してほしい」という依頼を受けたことがあります。

その際、まずは、トランプ大統領の演説やスピーチ、関連する単語表などを探して、どんどんプリントアウトします。その枚数は、何十枚にも上りました。

そこから依頼の内容に応じて、「トランプ大統領がよく使う15の文例」「トランプ大統領と孫社長のスピーチの共通点」といったテーマの資料にまとめていきます。

これだけの多くの情報を、パソコンの画面上だけであれこれ見返したり、複数を比較しようとすれば、かなりの手間と時間を要します。

しかし一気にプリントアウトして、机に広げて作業すれば、ひと目で全体の情報を見渡せます。

一見、印刷に時間がかかるように思うかもしれませんが、そこから情報を整理し、一枚の資料に集約するまでの時間は、こちらのほうが圧倒的に速いのです。

日本の会社では、「資料を作ること」そのものが目的化してしまい、ひたすら時間をかけて分厚い資料を何枚も作ることに情熱を傾ける人が少なくありません。

しかし資料作りは、あくまでコミュニケーションの準備作業にすぎません。

よって、できるだけ高速化することを心がけましょう。

10秒でチェック！

- ☑ 「ロジック」よりも、「スピード」が大事
- ☑ 相手から了承さえもらえれば、「ミーシー」にこだわる必要はなし
- ☑ 「紙ベース」が資料作りスピードアップのコツ

第5章

10秒でYESを言わせる「瞬速プレゼン」の技術

一発で相手のアクションを引き出す魔法の「フレームワーク」

アクションを引き出せないコミュニケーションの価値はゼロ

コミュニケーションの目的は、アクションを引き出すことである。

第1章で、そう話しました。

「よし、この件は進めていいぞ」

「君の提案はわかった。私から上に了承をとっておくよ」

「たしかにこれは問題だな。関係者と話し合いたいから、会議をセットしてくれ」

こんなふうに、何らかの「次のアクション」を引き出してこそ、コミュニケーションの意味があります。

一方、「それだけじゃよくわからない」「ちょっと決められないな」「あとで考えるよ」といった言葉しか引き出せず、会話の前と後で何も状況が変わらないのであれば、そのコミュニケーションの価値はゼロということです。

次のアクションが決まらない限り、物事は進まず、仕事も止まったままです。

「瞬速プレゼン」の極意は、一発で仕留めること。

そのためのトークのポイントは、**「フレームワーク」「タイミング」「スキル」**です。

まずは「フレームワーク」から説明しましょう。

「10秒以内」で人を動かすために、何をすべきかを時間軸で整理します。

ステップ①

第2章と第3章で説明した「準備」と「資料（メモ）の作成」は、実際のトーク以前に済ませておきます。

ステップ②

つかみのひと言として、「○○の件です」と伝えます。

まずは、コミュニケーションの目的は何かを理解させるためです。

例：「次のキャンペーンで使う代理店の件です」

ステップ③

「結論」を伝えます。

例：「使うのはA社にしたいと思います」

ステップ④

結論を出した「理由」を3つ述べます。

どうしても思いつかない場合は1つや2つでも構いませんが、3つあれば説得力が増します。

逆に、3つ以上の理由をダラダラ並べるのは時間のムダ。「最大で3つまで」を心がけてください。

例：「コンペ参加の3社のうち最もコストが低いこと、納期への対応が確実なこと、過去に同種のキャンペーンで他2社より高い実績を出していることが理由で

す」

ステップ⑤

「相手にどうして欲しいのか」という「次のアクション」を伝えます。

例：「A社への発注書にサインを頂けますか」

ステップ⑥

「アウトプット」を相手から取ります。

「書類にサインをもらう」『次のアクションに移っていい』という了承を言葉でもらう」といったアウトプットを必ずもらいます。

ステップ⑦

情報の「最終確認」をします。

聞き違いや勘違いといったコミュニケーションミスをなくすためです。

特に口頭で了承をもらう場合は、お互いの理解に行き違いがないようにしましょう。

例：「では、次のキャンペーンはA社に発注します」

以上が、10秒でOKをもらうためのトークのフレームワークです。

なかでも重要なのが、「結論から言う」という点です。

仕事ができる人は、1を聞けば100を理解します。

豊富な経験と培ってきた仕事の相場観に照らし合わせれば、「A社にします」と結論を聞いた時点で、そう判断したおおよその理由も検討がつくのです。

孫社長がまさにこのタイプで、メモを渡して結論さえ言えば、すべてを理解します。

次の「理由」を3つすべて伝えるまでもなく、「わかった」と言ってOKをもらえることも少なくありません。

そうなれば、10秒どころかもっと短い時間で了承をもらうことも可能です。

コミュニケーションを高速化するには、何をおいても「まずは結論から」です。

10秒でチェック！

- 仕事を速く進めるには、一発で次のアクションを引き出すこと
- 「瞬速プレゼン」にはフレームワークがある
- 「まずは結論から」がコミュニケーションを高速化する大前提

「タイミング」の見極めが、〝居合い斬り〟で勝負をつける秘訣

◀◀◀

「時間の切れ目」を狙い、大きな声で本題に入る

次に、2つめのポイントである「タイミング」についてです。

相手が他のことに集中しているときに話しかけても、了承を得るどころか、こちらの言うことを聞いてもらうことさえできません。

特に相手が上司の場合は、**「了承を引き出しやすいタイミング」の見極めが重要**です。

ベストタイミングの一つは、「時間の切れ目」です。

出社したときや昼休みに入るとき、一日の業務時間の終わりなど、相手の仕事がひと区切りするタイミングで声をかけるのは基本中の基本です。

私が孫社長をつかまえたときのように、**「会議と会議の合間」**とか**「トイレ休憩に立ったとき」**なども、時間の切れ目に入るでしょう。

しかも、切れ目の一瞬を逃さないこと。

相手が「ちょっとひと息入れるか」という素振りを見せた瞬間に、居合いで切り込

みます。

そして最初のひと言は、前項で説明した通り、「○○の件ですが」といきなり本題に入ってください。同時に、用意しておいた資料（メモ）をさっと差し出します。

この時、「ちょっとよろしいですか？」「今、大丈夫ですか」はNGワード。

この言葉から入ってしまうと、「今はちょっと……」「あとでもいいかな」と言われるのがオチです。

遠慮がちに声をかけるのではなく、相手の目をしっかり見て、堂々と「○○の件です」と伝えましょう。

目は口よりもモノを言います。

相手と目を合わせることで、「私はあなたに伝えるべきことがあります」という自信が伝わります。

すると相手も、「この人の話はちゃんと聞かなくては」という気持ちになります。

合わせて、「声は大きく、横に回って説明する」ことも、一瞬でイエスを引き出すコツです。

声の大きさはこちらの自信を表す効果もありますが、単純に「伝わりやすい」という効果があります。

特に高齢の役員や社長を相手にする場合、耳が遠くなり始めている人もいます。第4章で「資料の文字は大きく」と言いましたが、口頭でもそれと同様の配慮が必要です。

上司の優先順位を把握し適切なタイミングを見極める

タイミングを外さないためには、もう一つ大事なことがあります。

それは、了承をもらう相手の優先順位を把握することです。


秘書時代の私にとっても、これが最重要課題でした。

何度もお話しした通り、孫社長の優先順位はリアルタイムで刻々と変化します。

少しでも優先順位が下がれば、幹部が書類にサインをもらうために待っていても、「次の予定は飛ばせ！」と言われてしまいます。

それは何も、孫社長が身勝手な性格だからではありません。

経営トップの自分にとって、「現時点でその話は優先度が低いから、後回しでいい」

と合理的に判断した結果です。

いつ、どのタイミングで孫社長に情報を渡せば、一瞬でイエスがもらえるか。

それを見極めるため、私は孫社長の仕事を「重要度」と「緊急度」の二軸で把握するようにしました。

そして「この稟議は緊急度が高いから、移動時間の車内で確実にサインをもらう」「この件は孫社長にとって緊急度は低いが重要度は高いから、早めに幹部から説明させよう」などとタイミングを見極め、孫社長のスケジュールを最適化していきました。

孫社長も、「今、この件について話す必要がある」とわかれば、むやみやたらとアポを飛ばしたりはしません。

「世界一つかまりにくい上司」である孫社長が相手でも、適切なタイミングさえ見極めれば、10秒で了承をもらうことが可能になるのです。

10秒でチェック！

☑ 出社時や昼休み前後、業務終了時など、「時間の切れ目」がねらい目のタイミング

☑ メモを差し出して本題から入る。声は大きく、相手の目をしっかり見ること

☑ 上司の優先順位を見極めれば、ベストタイミングがわかる

「言葉のムダ」や「主観」を削ぎ落とす

「言い訳」や「過剰な敬語」はやめる

続いて、3つめのポイントである「スキル」について説明します。

コミュニケーションを高速化するには、「言葉のムダ」を削ぎ落とすことが必要です。トークのフレームワークで「結論から話す」が重要だと話しましたが、これも言葉のムダをカットするための基本的な技術です。

日本人の報連相でありがちなのが、「結論」ではなく「理由」から始めることです。しかもその理由が、「言い訳」であることが少なくありません。

「え～、実は先月、競合が同じエリア内に新規出店したため、自社の店舗がその影響を受けまして、当初の見込みより売上が低い水準になりまして……」

こんな話し方をしたら、孫社長なら3秒で「何が言いたいんだ⁉」とカミナリを落とします。

報告を受ける側は、言い訳など聞きたくありません。

上がってくる情報がポジティブなものにしろ、ネガティブなものにしろ、「次にどうするか」を判断するためにコミュニケーションをしているからです。

同じ内容を報告するにしても、こう言えば簡潔です。

「今月の売上は対前月比で75％でした。理由は、競合が同じエリア内に新規出店したためです。そこで対応策として、来月に新たな集客キャンペーンを計画していますので、その了承をいただけますか」

そう言えば、コミュニケーションの時間は格段に縮まります。

言葉のムダには、「過剰な敬語」も含まれます。

特に若い人は「上の人にはていねいに伝えなくては」という意識が働くのか、尊敬語や謙譲語をいくつも重ねる人がいます。

それでは日本語として正しくないのと同時に、コミュニケーションの時間がどんどん長くなってしまいます。

「このお客様がモデムの調子が悪いとおっしゃられていますが、私どもといたしましては、御社のご意見もお聞きした上で、対応策を検討させていただければと……」

こうして、二重、三重に敬語を使いまくる人がいます。

もちろん、最低限の言葉遣いのルールは守るべきですが、過剰な敬語は時間がかかる上に、聞く人をイライラさせます。

「お客様からモデムへのクレームがあったので、対応策を検討してもらえますか」

これでコミュニケーションの目的は十分に果たせます。

「大丈夫です!」はNGワード

なお、上司から話しかけられた場合のNGワードに「大丈夫です」があります。

コミュニケーションは、自分から声をかけるケースばかりとは限りません。

仕事をしていたら、突然上司から「あの件、どうなった?」と聞かれることはよくあるでしょう。

その時、「大丈夫です」と言ったら、上司はどう思うか。

「何が大丈夫なんだ、それは君の主観だろう? 今日の夜に時間を取るから、ちゃんと説明しろ!」

そして結局、コミュニケーションに余計な時間をとられることになります。

報連相で重要なのは、「事実」と「主観(意見)」を分けることです。

「大丈夫」というのは、その人の主観(意見)にすぎません。

もし大丈夫であることを示したいなら、それを事実として伝える必要があります。

「今月の売上は、目標値の前月比120%を達成できる見込みです」

「クライアントの担当者から、納期は当初の予定から1週間延ばしていいという了承をもらっています」

上司が求めているのは、こうした「事実」です。

「何がどうなっているのか」がわかれば、こちらがわざわざ「大丈夫です！」などと念押ししなくても、「順調に進んでいるのだな」と上司は安心します。

そして、あれこれ口出しせず、仕事の大半をあなたに任せてくれるでしょう。

事実ベースで情報を伝えれば、結果的にあなたの仕事もスムーズに進みます。

10秒でチェック！

☑ コミュニケーションを高速化するには、「言葉のムダ」を削ぎ落とせ

☑ 「言い訳」や「過剰な敬語」は徹底排除する

☑ 報連相では「事実」と「主観（意見）」を分けよ

「瞬速プレゼン」は営業マンのセールストークにも使える

「中間成果物」を決めれば、成約までのスピードも上がる

「コミュニケーションの目的は、アクションを引き出すこと」と言われても、それを実行するのが難しい場面もあります。

たとえば、営業の仕事をしている人は、1度の提案で契約を取れることはめったにありません。

何度も電話をかけてアポを取ったり、客先に足を運んだりして、ようやく担当者と会えるかどうかというケースも多いでしょう。

しかし、1回のコミュニケーションで相手のアクションを引き出せないからといって、ただ漫然と営業トークをしていたら、最終ゴールである契約や受注の獲得までにかかる時間はどんどん延びていきます。

では、このプロセスをスピードアップするにはどうすればいいか。

それは、**「中間成果物を決めて、結果を測定すること」**です。

あなたがＩＴ企業の営業担当で、教育アプリを塾に売り込むのが仕事だとします。

リストアップされた塾に電話をかけてセールストークをしますが、アポがとれることもあれば、すぐ切られてしまうこともあります。

決定権を持つ塾長と話せればベストですが、忙しくて電話に出てもらえなかったり、そもそも「営業の電話」と聞いただけでつないでもらえないこともしょっちゅうです。

このままでは、いつまでにどれくらいの売上を出せるのか、自分でもまったく見通しが立ちません。

そこで、毎月の売上目標とは別に、自分で「中間成果物」を決めます。

この場合なら、「1日につき、5人の塾長と話す」といった1日ごとのアウトプットを設定します。

つまり、**「大きな目標（＝1カ月の目標）」だけでなく、「小さな目標（＝1日の目標）」を設定する**ということです。

そして、1日の目標の達成度を毎日必ず計測します。

「今日は15件電話をかけて、3人の塾長としか話せなかった。よって今日は×」

「今日は25件電話をかけて、7人の塾長と話すことができた。よって今日は○」

こうして**「今日の勝ち負け」を記録し続けると、「何をすれば勝てるのか」が段々**

と見えてきます。

「夕方にかけると忙しくて電話に出てもらえないが、昼休みが終わった直後の午後1時や2時なら塾長につないでもらえることが多い」

「『最新のアプリをご紹介しています』と自己紹介するより、『学習効果を30%高めるアプリをご紹介しています』と切り出したほうが、話を聞いてもらえる」

こんなふうに、コミュニケーションがうまくいくタイミングやトークの内容がつかめてくるはずです。

この方法でセールストークもブラッシュアップできる

より良い方法に絞って電話をかければ、アポがとれる確率は高まります。

すると当然、1件の契約を獲得するまでのスピードも上がり、最終ゴールである毎月の売上目標を達成できる可能性も高まります。

これが、中間成果物を決めたことによる効果です。

「毎月の目標」というゴールしかないと、1回ごとの営業で何をどう頑張っていいのかがわかりません。

しかし「1日の目標」があれば、**「今日の自分がやったことが正しかったかどうか」がわかります。**

1日の目標を達成できたら、今日の営業トークは正しかったということ。達成できなかったら、今日の営業トークはどこかが間違っていたということです。

こうして自分の行動を振り返り、ＰＤＣＡを回していけば、営業トークの質は確実に上がっていきます。

それが結果的に、「相手から契約を獲得する」というアクションを引き出すまでのスピードも加速させるのです。

10秒でチェック!

☑ 成約までのプロセスを高速化するには、「中間成果物」を決めて、結果を測定する

☑ 「毎日の勝ち負け」がわかれば、「どうすれば営業トークがうまくいくか」を検証できる

☑ 「1日の目標」があれば、自分の行動を改善しやすい

商談で〝負けナシ〟になる究極の必勝法

まずは相手の話を聞き「ネクストステップ」を提案する

前項では、「電話でアポをとる」というプロセスを例に、営業トークのスキルについてお伝えしました。

では、実際にお客様と商談に入った段階では、どんなコミュニケーションをすればアクションを引き出すまでの時間を高速化できるでしょうか。

「瞬速プレゼン」のフレームワーク（146ページ）に当てはめて考えるなら、**「0〜3秒（ステップ②）」でやるべきことは「相手の話を聞く」**です。

ようやく担当者に会えても、いきなり「わかりました、あなたの商品を買いましょう」と言ってくれることはほぼありません。

たいていの場合、相手は〝拒否〟や〝警戒〟の言葉から会話を始めます。

「来てもらって悪いんだけど、うちは今、間に合っているんだよね」

「話だけは聞いてもいいけど、たぶん購入は難しいと思うよ」

ですから、まずは相手の話をさえぎらず、おとなしく聞きましょう。

なぜならそこで「相手がなぜ断ろうとしているか」がわかるからです。

「英語の教育アプリですよね？　うちの塾ではすでに別の英語教材を使っているので、これ以上は必要ないんですよ」

このように、断る理由を教えてくれるはずです。

でも、ここで「はい、わかりました」と帰るわけにはいきません。

そこで**次の「3秒以降（ステップ③～⑦）」にやるべきなのが、「ネクストステップの提案**」です。

「塾の教材としてではなく、生徒さんの自宅学習用としてはいかがでしょうか。御社の顧客に対しては、割引価格でご提供ができます」

「では、数学のアプリはいかがでしょうか。これは××大学と提携して開発したもので、非常に高い学習効果が確認されています」

このように、すかさず次の提案を出せるかどうかが、商談を先に進めるカギです。

そして、次のアクションを引き出します。

「では、次回お会いするときに、割引価格の見積もりをお持ちします」

「来週水曜に××大学で開発者による説明会があるので、私がご案内します」

こうして相手から了承を得て、その場で決着をつけるのが、「瞬速プレゼン」の基本です。

「少し考えてみます」「社内で相談してみます」といった保留の言葉を受け入れて、次のアクションを引き出せずに終わる商談は、「負け」と考えるべきです。

ここで次のアクションを引き出せなければ、二度と会ってもらう機会はないかもしれません。もし会えたとしても、次のアポを取るまでに時間がかかったり、対応を保留にされたりして、コミュニケーションの速度はどんどん遅くなります。

営業トークも、1回ごとに即決させるのが鉄則です。

次の一手を用意するには「0秒以前」の準備を怠るな

ネクストステップを提案するには、やはり「0秒以前（ステップ①）」の準備が重要となります。

「相手が求める情報」を伝えることが「瞬速プレゼン」の基本です。

営業なら、事前に相手の会社の事業内容や経営上の課題、顧客層といった情報を調

べた上で、相手が何を欲しがるか見当をつけておく必要があります。

そしてあらかじめ、いくつかのネクストステップを用意しておきましょう。

複数の選択肢を用意しておけば、相手が示した「断る理由」に合わせて、次のトークを展開できます。

孫社長が実践する「鯉とりまあしゃん」理論（58ページ）にならって、相手が求めるものを知り、相手が了承するしかない状況を作り出すことが、セールスにおける必勝法です。

☑ 商談で相手が否定的な言葉を発したら、まずは黙って聞く

☑ 「相手がなぜ断るのか」を把握したら、すかさずネクストステップを提案する

☑ 事前に相手の情報を調べ、「相手が求める情報」をふまえたネクストステップを複数用意しておく

部下やメンバーが「すぐに動いてくれる」指示の技術

部下やメンバーへの指示出しも「瞬速プレゼン」が有効

自分の部下やプロジェクトのメンバーに仕事を頼むときも、「タイミング」と「スキル」が重要です。

伝え方を間違えれば、相手が同僚や下の立場の人でも、「できません」「無理です」と言われて了承をもらえません。

なかでも、期限直前になって仕事を回す上司やプロジェクトマネジャーほど、最悪な存在はいません。

これでは「他の仕事で手一杯なのでできません」と断られても仕方ないでしょう。しぶしぶ引き受けてもらえたとしても、頼まれたほうは、「なんでもっと早く言ってくれないんだ」という不満からモチベーションが大きく下がります。

いずれにしても、周囲の協力をスムーズに得られなければ、上司やマネジャーとしての自分の仕事も遅くなる一方です。

仕事を発注する側の役目は、ゴールから逆算して、早めのタイミングでメンバーに仕事を割り振ることです。

部下やメンバーに仕事を頼むときも、まずは「タイミング」が命と心得てください。加えて、依頼の仕方にもいくつかのポイントがあります。いくら早めのタイミングで仕事を発注しても、依頼の内容が適切でなければ、やはり相手に断られたり、二度三度とやり直しが生じたりして、仕事をスピードダウンさせることになります。

それでは、依頼する際に必要なトークの「スキル」を紹介します。

・「相手が無理なくやれるサイズ」に小さく分解する

上司は気軽に「これ、やっといて」と言いますが、それが本人の能力を超える分量や難易度だったら、「いや、ちょっと無理です……」と言われてしまいます。

相手の状況や経験を見極め、それに合わせたサイズの仕事を依頼することが、仕事を発注する側に求められるスキルです。

急ぎの資料を部下が一人で作るのが難しそうなら、「資料に必要なデータ収集はAさんとBさんに、リストの打ち込みはCさんに、スライドのまとめはDさんにお願いします」といったように**作業を分解して割り振ります。**

すると部下たちも「急ぎの仕事だけど、これくらいならできそうだ」と思って、すぐに了承してくれるはずです。

・中間成果物を提示する

営業トークのスキルで、「中間成果物を決めることが重要」と話しました。

ただし、これを自発的にやる人は多くありません。特に新人や若手の場合は、上司が中間成果物を提示することが必要です。

「1日に20件電話をかけて、アポを3件とることを目標にしよう」

これなら部下も、自分はどんなアクションを取ればいいのかを明確に理解できます。

一方、「とにかく頑張れ！」「ひたすら電話をかけまくれ！」といった根性論にもとづく指示しか出せないのは、ダメな上司です。

これでは、部下は何をどう頑張ればいいのかわからず、何の効果もないやり方を延々と繰り返すことになります。部下のモチベーションを即座に高め、成果を出すまでのスピードを高めるには、中間成果物の設定が何より効果的です。

・アウトプットは「モノ」で定義する

部下に仕事を頼むときは、アウトプットを「モノ（名詞形）」で定義します。

「今月10日までに**『同業他社の顧客分析報告書』**を作ってください」

「今週水曜までに**『新商品キャンペーンの企画書』**を提出してください」

これが指示出しトークの基本形です。

もし「同業他社の顧客分析をしておいて」と伝えたら、期限が来ても「分析はしましたが、紙にはまとめていません」ということになりかねません。

部下への指示に曖昧な表現が含まれていると、相手が指示の内容を勘違いする可能性があります。

一度の指示で目的を果たせなければ、二度、三度とやり直しを指示することになり、コミュニケーションにもムダな時間がかかります。

対部下やメンバーへの指示出しでは、必ずアウトプットの定義を明確にしましょう。

・「DIKWモデル」を「2段下の目線」で活用する

第3章で紹介した「DIKWモデル」は、組織の階層に合わせて情報のレベルを調整するテクニックです。ということは、自分が上司に情報を伝えるときだけでなく、部下に情報を上げてもらうときにも活用できます。

たとえば、部下に売上報告書の作成を依頼するとき、「Data（データ）」である「今月の売上」だけを記載してくれるだろうと予想できたとします。

しかし自分は管理職で、欲しいのは「Information（情報）」です。

それなら指示出しの時点で、「どういう意味か？」を示す「前年度同月比」や「近隣店舗との比較」を入れてほしいとあらかじめ伝えれば、部下も「管理職レベル」の資料を作ってくれます。

部下に情報のとりまとめや資料作りを頼むときは、「DIKWモデル」をもとに部下の目線に立って、「自分はこのレベルの情報が欲しい」と具体的に伝えましょう。

そうすれば、上司である自分は一発でOKを出すことができます。

10秒でチェック！

☑ 部下やメンバーに仕事を頼むときも、「タイミング」と「スキル」が重要

☑ 期限直前に仕事を依頼してもメンバーは動けない。ゴールから逆算し、早めのタイミングでメンバーに仕事を割り振る

☑ 「相手に合わせて仕事を小さく分解する」「中間成果物を決める」「アウトプットをモノで定義する」などの指示出しスキルを身につけよう

第６章

ライバルを置き去りにする！超高速メール術

孫社長のメールは1行

メールにムダな時間は1秒も使わない

孫社長とのコミュニケーションは、スピードが命である。

この鉄則は、コミュニケーション手段がメールの場合も変わりません。

孫社長に長文メールなど送ろうものなら、間違いなく怒られます。

「こんなメールをやりとりすることに、何の意味があるんだ⁉」

そうお叱りを受けるでしょう。

なお、孫社長のメールは超短文です。

「はい」

「いいえ」

「了解」

返ってくるのは、これだけ。

わずか1行で完結します。

たとえ多少の補足が必要だとしても、3行を超えることはありません。

メールを打つ作業のために、ムダな時間は1秒も使いたくない。

世界レベルで忙しい孫社長がそう考えるのは、当然のことです。

そもそも、メールというコミュニケーションの手段自体、スピードでは大きなハンデがあります。

同じ文章量なら、メールを打つより、口頭や電話で話すほうが圧倒的に速い。

それは誰もがわかっているはずです。

加えて、「待ち時間」が発生するのも、メールのデメリットです。

こちらがメールを送っても、それを相手がいつ開いて、返信してくれるのかを知る術はありません。

「忙しくてまだ見てないのかな？　それとも返事をしにくい内容だったかな」

そんなことを考えながら、イライラして待つしかありません。

やっと返信が来ても、相手の了承を得られなかったり、回答が的外れなものだったりすれば、またメールを送らなくてはいけません。

「今週中が難しいなら、いつまでに納品できますか？」

「先ほどの〇〇とは、××という意味でしょうか?」

そしてまた、相手の返信を待つ。

こんなことをしていたら、あっという間に一日が過ぎてしまいます。

メールは3回以上やりとりしない

最悪なのは、メールで質疑応答や議論が始まってしまうことです。

事実確認をする程度のシンプルな内容なら、孫社長流に「はい」「いいえ」を返すだけでコミュニケーションは終わります。

ところが、「私はそうは思いません。なぜなら〜」「でもこの件については、過去の事例を踏まえるべきだと思います」などと意見の応酬が始まってしまったら、結論が出るまでいったい何度やりとりすることになるでしょうか。

しかも、議論が白熱するにつれて、一回のメールはどんどん長文になり、ますますコミュニケーションにかかる時間は延びていきます。

はっきり言って、これほどムダな時間はありません。

まだソフトバンクが小さかった頃、社員たちが何度もメールのやりとりをしていると、近くで見ていた孫社長からよくカミナリが落ちました。

「メールは3回以上やりとりするな！　それなら直接会って話し合え」

これはすべてのビジネスパーソンが基本とすべきことではないでしょうか。

・一回のメールは1行、長くて3行。
・やりとりは3回以内。

まずはこれを「超高速メール術」の基本としてください。

10秒でチェック!

☑ 一回のメールは1行、長くて3行

☑ メールのやりとりは3回以内とする

☑ メールは議論や質疑応答に向いていない

瞬速プレゼン　25

メールより
メッセンジャー。
開くために時間を使うな

◀◀◀

コミュニケーションの速度はメールの何倍にもなる

私は普段、メールをほとんど使いません。

前項で話した通り、コミュニケーションに時間がかかるツールだからです。

では、文字でのやりとりはどうしているかといえば、主にフェイスブックのメッセンジャーを使っています。

私の周りの起業家や優秀なビジネスパーソンたちも、今はほとんどがメッセンジャーによるコミュニケーションへ移行しています。

メッセンジャーの利点は、何と言っても、相手とチャットで素早くメッセージ交換ができること。インタラクティブ性は、メールより格段に勝ります。

パソコンやスマホを開けば、すぐメッセージが送れる操作性もメリットです。

よってコミュニケーションの速度は、メールより何倍もスピードアップします。

それにメッセンジャーは、基本的に短文を送るのに適したツールなので、ついダラダラと長文を書き込んでしまうという悪いクセもなくなります。

短文でパッと送って、短文でサッと返す。
メッセンジャーなら、テキストでのやりとりも自然にシンプルになります。
私としては、すべてのビジネスパーソンが、コミュニケーションツールをメールからメッセンジャーに変えてほしいと思っているくらいです。

一方、メールは、手紙文と同じように「お世話になっています」など、あいさつなどの形式的要素が残っており、自然に書く時間もかかります。また、メールは立ち上げて開くだけで、それなりに時間がかかるので、「あとで読み返してから返信しよう」と考え、いったん閉じてしまうと、立ち上げる手間と時間は2倍、3倍と増えていきます。

そして開くたびに、「えーと、何の件だったかな?」と思い出す時間と、最初からメールを読み返す時間が発生します。

1回につき数秒から十数秒の手間であっても、1日に何度もそれを繰り返せば、積み重なった時間のロスは膨大になります。

メッセンジャーを使える相手はまだまだ限られますから、どうしてもメールを使うしかない人も多いことは理解しています。

だとしても、同じメールを2回以上開くのは絶対にやめましょう。

途中まで返信を書きかけて、「下書き保存」するのもNGです。

1度メールを開いたら、その場ですぐ返す。

これをルールとしてください。

メールを開いてから10秒以内に返信する

メールを開いてから、返信までのタイムリミットを設定すれば、メール処理はさらに加速します。

ソフトバンク基準で設定するなら、「メールを開いてから10秒以内に返信する」がタイムリミットです。

何度か述べたように、孫社長の口グセは「10秒以上考えるな！」です。

相手のメールを読んでから、10秒考えても「はい」なのか「いいえ」なのか判断がつかないとしたら、それは「情報」か「権限」のどちらかが不足しているからです。

その場合は、いくら自分一人で考えたところで、答えは出ません。

ここでやるべきなのは、不足しているリソースを自分で取りに行くことです。必要な情報や権限を持つ人にメールを転送すれば、一発で解決できます。

「この件に関して、手持ちの資料を送ってください」

「この件に関して、承認を頂けますか」

これで情報や権限が手に入れば、メールを送ってきた相手にも即レスできます。

大事なのは、メールを溜め込まず、すぐに「返信」や「転送」など次のアクションに移ることです。

しかも、パソコンの前に座ってのんびり返信するなんて愚の骨頂です。

資料の添付が必要といった、どうしてもパソコンでしか返信できないもの以外は、スキマ時間や移動時間にスマホからどんどん返信しましょう。

こうして即座に処理していくことが、メールを高速化する秘訣です。

10秒でチェック！

- ☑ 文字ベースのコミュニケーションは、メールからメッセンジャーに移行せよ
- ☑ メールでやりとりする場合も、「1度開いたら、すぐ返す」を基本に
- ☑ 返信までのタイムリミットを設定し、必要ならメールを転送して、「情報」と「権限」を取りに行く

瞬速プレゼン　26

一瞬で相手にメールを開かせ、即レスさせる方法

「件名」にフックをかければ、相手にスルーされない

メールについては、「そもそも開かれないメールが多い」という問題もあります。

1日に数十通や100通以上を受け取るビジネスパーソンなら、相手の名前や件名だけ見て、「これはあとで見ればいいだろう」と思われてそのまま忘れられたり、メルマガや広告メールと間違われてゴミ箱行きになったりすることもよくあります。

そうなれば、相手からはいつまで経っても返信はなく、またもやムダな待ち時間が発生します。

では、相手に確実に開かせるにはどうすればいいか。

ポイントは「件名」です。

忙しくてもとりあえず件名だけは必ず見るので、その瞬間に**相手が「このメールは開かなくてはいけない」と思ってくれればいい**わけです。

相手が瞬速で開いてくれる件名のコツは、いくつかあります。

・依頼や報告の内容をダイレクトに書く

件名を見ただけで「何を伝えるメールなのか」がわかるように、依頼や報告の内容をダイレクトに書きます。

「次回MTGは16日15時~でよろしいですか」

「御社の人材採用コスト削減のご提案です」

このように、**一番伝えたいメッセージを件名に書いてしまいましょう。**

すると相手も、「急な予定が入ったから、ミーティングは16時からにずらしてもらおう」「先日の商談で話したコストカットの件だな」などと反応し、すぐにメールを開いてくれる確率が高まります。

よく「営業部の山田です」「先日はありがとうございました」といった件名を使う人がいますが、これでは単なる挨拶やお礼のメールかと思われてしまいます。たとえその後に、「先日はありがとうございました。ところで、御社の人材採用コスト削減のご提案ですが~」と続いていても、件名を見ただけで読み飛ばされる可能性があります。

件名には相手へのメッセージをダイレクトに、しかも相手が読みたくなるようなフックになるキーワードを入れることが、即座にメールを開かせるコツです。

・久しぶりの相手には、自分の会社名を入れる

しばらく連絡をとっていなかった相手にメールを送るときは、件名に自分の会社名を入れます。

差出人の個人名を見ただけでは、「どこの誰だったかな? まあ、あとでいいや」とスルーされる危険性が高くなるからです。

これに、先ほど言った「依頼や報告の内容をダイレクトに書く」というコツを組み合わせれば、さらに効果的です。

「**【○×商事　山田】御社との提携事業のご相談です**」

こう書けば、少なくとも「久しぶりに飲みに行きましょう」といった個人的なメールではないことが即座に伝わります。

・社内メールにはヘッダーをつける

普段から単なる情報共有や簡単な報告のメールが多い職場では、たまに重要な内容がまぎれていても、「またCCの情報共有メールか」と思われて、開いてもらえないことがあります。

相手にメールの目的を混同されないよう、**社内メールの件名には【決議】【相談】【報告】といったヘッダーをつけましょう。**

こうしたちょっとした工夫で、メールのコミュニケーションはさらに加速します。一発で相手のアクションを引き出しながら、こちらのペースに巻き込んで、仕事をどんどん高速化していきましょう。

10秒でチェック!

- 相手にメールを開かせるには、「件名」が重要
- 件名でメールの内容をダイレクトに伝える
- 久しぶりの相手には自分の社名を、社内メールにはヘッダーをつける

第7章

世界レベルでビジネスが加速する爆速電話術

相手をすぐ動かしたいなら〝電話魔〟になれ

メールなら1日かかる話も電話なら30秒で決着する

メールは長くて3行、やりとりは3回以内とし、できればメッセンジャーを使う。これが文字のコミュニケーションを加速するコツだと、前章でお話ししました。ただし、メッセンジャーは長文を送るのには適しません。また、最初からやりとりが3回を超えることが予想される場合もあります。

その時はどうするか。

迷わず電話をかけてください。


メールなら1日かかるやりとりも、電話なら30秒で済みます。

とくに議論や質疑応答など、インタラクティブ性が求められるコミュニケーションでは、とるべき手段は電話一択です。


孫社長も、世界トップクラスの〝電話魔〟です。

誰かに意見を聞きたいときは、いつでもどこでも電話をかけまくります。

たとえ相手が地球の裏側にいる海外の人でも、思い立ったら即電話。むこうが深夜や早朝でもお構いなしです。

もちろん一般のビジネスパーソンは、相手の都合や時間帯を最低限考慮する必要はありますが、それでも孫社長のスピード感はおおいに見習うべきです。


議論や質疑応答が必要になるのは、自分一人では結論が出ないときや、相手との妥協点を探らなくてはいけないときです。

こうした複雑なコミュニケーションほど、即時性が求められます。

相手の話の途中でも、わからないことがあれば「それはこういう意味ですか？」「今のは××で間違いありませんか？」といった質問を適切なタイミングで挟みながら、お互いの認識をすりあわせていくことが欠かせません。

これは、メールでは決してできないことです。

特に変化が激しく、先行き不透明な今の時代は、最初から正解を持っている人のほうが少ないはずです。

過去の事例やデータだけで判断できないことについては、みんなで知恵を出し合い、意見を交わしながら、より良い解を見出していくしかありません。

つまり、双方向のコミュニケーションの中にこそ、正解があるのです。

ひと昔前なら、上司にメールで「この件について教えてください」と送れば、一発で正解が返ってきたかもしれません。

しかし今は、上司への相談でさえも、「部下の側から現場の最新情報を伝え、それを踏まえて上司とディスカッションしながら結論を出す」というプロセスが不可欠です。

しかもこうした作業は、1日に何度も発生します。

それをすべてメールでやりとりしていたら、一つ一つの問題について結論が出るまで時間がかかりすぎます。

よって**簡単な連絡や報告以外は、相手が上司であっても遠慮なく電話しましょう。**

必要であれば、電話で「今お時間いただけますか?」と確認してから、相手のところに押し掛けて対面で会話するくらいのスピード感が求められます。

メールより電話のほうが相手のアクションも格段に速い

若い世代の人は、電話をかけるのが苦手なようです。

「相手は忙しいから、電話をかけると迷惑かもしれない」

そう思って、とりあえずメールで用件を送り、返事をじっと待つ人が少なくありません。

しかしメールのコミュニケーションが主流になった今だからこそ、電話がかかってくれば、相手も「わざわざ電話をかける理由があるのだろう」と理解します。

たとえ会議中ですぐに出られなくても、携帯電話の留守電にメッセージが残っていれば、「きっと急ぎの件だろうな」と考えて、すぐ折り返してくれます。

相手のアクションも、メールより電話のほうがずっと速いのです。

電話には、相手のアクションを引き出す大きな効果がある。

ビジネスパーソンなら、そのことを知っておくべきです。

10秒でチェック！

- メールより、メッセンジャーより、「電話」が最速
- インタラクティブ性の高いやりとりこそ、電話がスピーディー
- 電話には相手のアクションを即座に引き出す力がある

「メール＋電話」でコミュニケーションは爆速化する

◀◀◀

事前にメールを1通送れば、情報共有が速くなる

電話は最速のコミュニケーションツールですが、場合によっては1回の通話でやりとりが完結しないことがあります。

伝える内容が複雑で会話だけでは理解しにくいときや、相手が判断するために必要な情報が不足しているときなどです。

すると、通話の時間がどんどん長くなったり、結論を出せずに「もう少し考えてから、また連絡する」と言われてしまいます。

実はそんなときこそ、メールが役立ちます。

電話をかける前に、メールを1本送っておけばいいのです。

伝えたい内容を簡単な箇条書きにまとめて送っておく。あるいは、必要な資料を添付して送信しておく。

こうした事前準備をしてから電話をかけて、「今送ったメールを見てもらえますか」

と言えば、相手の理解や情報共有のスピードは一気にアップします。

第4章で、「コミュニケーションの前に、1枚のメモを作れ」とお話ししましたが、電話の場合は、**事前のメールがメモの代わりになる**のです。

そうすれば、電話での会話はとてもシンプルになります。

「こういう結論になりましたが、何か確認しておきたいことはありますか?」

「この方向で進めてほしいんだけど、何か質問はある?」

相手が「とくにありません」と言えば、そこでコミュニケーションは完結します。

相手から質問がある場合も、その場で回答したり議論したりして、やはり完結させることができます。

「メール+電話」の合わせ技なら、一つ一つの案件を確実かつ即座にクローズできるのです。

メールの返信がない案件は、電話をかけて1件ごとにクローズさせる

こうして「確実にケリをつける」ということが、仕事においては非常に重要です。

なかなか仕事が片づかない人は、「この案件は終わったか、終わっていないか」が

自分でもよくわかっていません。

「お客様に確認のメールを送ったけど、返信がないな。とくに問題がないから、OKということかな？」

こんなふうに、この件がクローズしたのかどうかはっきりしないまま、放置している案件が手元に積み上がっていないでしょうか。

するとと忘れた頃に、相手から「あの件はどうなりました？」という連絡が来て、いちからコミュニケーションをやり直すことになります。

「その件なら、1週間前にメールをお送りしたはずですが……」

「いえ、こちらには届いていません」

「そうですか、ではまた送ります」

こんなことを繰り返していると、コミュニケーションにかかる時間が長くなる上に、場合によっては納期や締め切りに間に合わないといった業務上のミスも発生しやすくなります。

だったら、早い段階で電話をかけて、「メールでお送りした件ですが、特に問題はありませんか」と確認すべきです。

相手が「問題ありません」と言えば、この件は10秒で決着がつきます。

そしてあなたはこの案件をクローズし、心置きなく次の仕事に移れるでしょう。

なお、**電話で相手が話しているときは、「相づち」を打ってください。**

黙って聞いていると、相手は「ちゃんと伝わっているのか？」と不安になり、余計な説明を付け足すので、話がどんどん長くなります。

相づちは「今の話は理解しました」というサインになるので、コミュニケーションを簡略化できます。

そして最後は、対面のコミュニケーションと同様、情報の最終確認を忘れずに。

「では、ひと月当たりのＷｅｂ広告費は10％削減とします」

こうして結論を復唱することで、聞き違いや誤解を防ぎます。

メールやＳＮＳが発達した今だからこそ、電話という昔ながらの手段を効果的に活用すれば、ライバルたちに何倍もの差をつけられます。

ビジネスのコミュニケーションを速さ・質の両方でレベルアップするために、ぜひ電話という高速ツールを使いこなしてください。

10秒でチェック!

☑ 電話する前のメールは、「メモ代わり」になる

☑ メールで送ったメモや資料を見ながら電話で話せば、その件は一瞬でクローズできる

☑ 電話で相手が話しているときは相づちを打ち、締めの「最終確認」を忘れない

第8章
チームで超高速コミュニケーションを実現する

「情報の集約点」を押さえた人が、勝ち組になれる

孫社長がアームを買収した理由

「はじめに」で、秘書時代の私の役割は、社内における「情報のハブ」になることだったと話しました。また第1章でも、情報の調整役になれるプロマネ的人材が求められていることを紹介しました。

今後はこうした「情報の集約点」になれる人材が、組織を引っ張るリーダーとして期待されています。

なぜなら、**今の時代にビジネスを拡大するには、いかに多くの情報を集められるかがカギを握る**からです。

ソフトバンクが急成長したのも、孫社長が「情報の集約点」をいち早く押さえてきたからです。

2016年7月、ソフトバンクはイギリス半導体設計大手のアームを3兆3000億円という巨額で買収したと発表し、世界中を驚かせました。

「いくら何でも買収額が高すぎるのでは」という声も聞かれましたが、孫社長はこれだけの投資をしてもまったく惜しくないと考えているはずです。

なぜなら、アーム社は現時点で世界最大の「情報の集約点」だからです。

孫社長は、次にやってくるパラダイムシフトは「ＩｏＴ（モノのインターネット）」だと確信しています。

ＩｏＴの分野は、今後は年に30％ずつ成長すると予測されています。

現在は主にパソコンやスマホで使われている半導体チップが、これからは自動車や家電製品などあらゆるものに埋め込まれる時代がやってくるのです。

この時、半導体で圧倒的シェアをとるのは、間違いなくアームです。

現在でも、全世界に流通するスマホに入っているチップの95％はアーム製。それくらい、断トツの優位性を誇っているプレイヤーです。

しかも半導体メーカーは、常に2年先の計画にもとづいて製品開発をおこなっています。

つまりメーカーの社員や技術者たちは、「2年先には、半導体業界やＩｏＴはこうなりますよ」という未来を知っているのです。

よって、半導体トップのアームを手に入れれば、孫社長の元にはありとあらゆる関連情報が集まってきます。

それさえあれば、ソフトバンクはこの先も世界で勝ち続けることができる。

だから孫社長は、３兆円を超えるお金を投じてでも、アームを買収したのです。

「情報の集約点」を押さえれば誰よりも早く未来を見通すことが可能

そもそも孫社長がＩＴ業界で起業したのは、「ムーアの法則」によって「この業界は永続的に発展する」と見通していたからです。

これは「コンピュータの性能は、18カ月から24カ月で２倍になる」という法則です。

孫社長はビジネスを始めるときから、「成長するには、どの領域を押さえるべきか」を重視していたことになります。

そして現在は、「ＩｏＴが年に30％ずつ成長する」という理論をもとに、情報の集約点を押さえてしまいました。

占い師が水晶玉を使って未来を見通すように、孫社長は情報の集約点を押さえることで、将来を予測しているのです。

ビジネスにおける〝クリスタルボウル〟（＝情報の集約点）を押さえることが、組織やチームを成長させるためには不可欠だということです。

ただし、単に情報をたくさん集めさえすればいいわけではありません。入ってくる情報の量が多くなるほど、それを社内やチームの中で素早く共有したり、スピーディーに有効活用する仕組みを作ったりする必要があります。

そのためにはやはり、組織の中で情報のハブになる人材が不可欠です。

では次の項目から、チームのコミュニケーションを高速化する方法を、具体的に提案していきましょう。

10秒でチェック!

☑ 今の時代は、「情報の集約点」になれる人材が求められる

☑ ソフトバンクが急成長できたのは、常に「情報の集約点」を押さえてきたから

☑ たくさん情報が入ってくれば、それを有効活用する仕組みが必要となる

メンバー全員を集めて、一斉に情報をアップデート

週1の定例会議でチームのコミュニケーションが加速する

チームの情報共有は、「1：1」ではなく「1：n」で行うこと。

これがスピードアップの鉄則です。

チームやプロジェクトの規模によって、「n（＝メンバーの数）」は変わりますが、いずれにしても「情報はバラバラに投げるのではなく、全員を集めて一斉にアップデートする」が基本です。

メンバーが2人や3人なら、1対1でも何とかなるかもしれません。

しかし、それ以上になったら、一人ずつ伝える方法では無理があると言わざるを得ません。

メンバー同士を結ぶネットワークの線は、「n（n-1）÷2」で増えていきます。

もしメンバーが2人なら、お互いを結ぶネットワークの線は1本。3人なら、ネットワークの線は3本です。

ところが、メンバーが5人になると、ネットワークの線は10本。6人になると15本と、加速度的に増えていきます（図6・227ページ）。
メンバーが10人なら45本、15人なら何と105本です。

メンバー間でこれだけ多くの線が走っていると、1対1のコミュニケーションでは収拾がつかなくなります。

「Aさんは『金曜までに確認すればいい』と言っていたのに、Bさんからは『水曜までに確認しろ』と言われた」

「Cさんには連絡したが、Dさんには伝えるのを忘れていた」

こんなコミュニケーションミスがあちこちで頻発し、チームのあちこちで仕事がストップすることになります。

だからこそ、メンバー全員を一堂に集めて、一斉に情報を共有することが必要です。

そのための具体的な方法が、「週に1回、定例会議を開く」です。

これなら、コミュニケーションのネットワーク線が何本であろうと、全員がその場で最新かつ正しい情報にアップデートできます。

図6 ネットワークの線は加速度的に増えていく!

メンバー同士を結ぶネットワークの線は
「n(n-1)÷2」で増えていく!

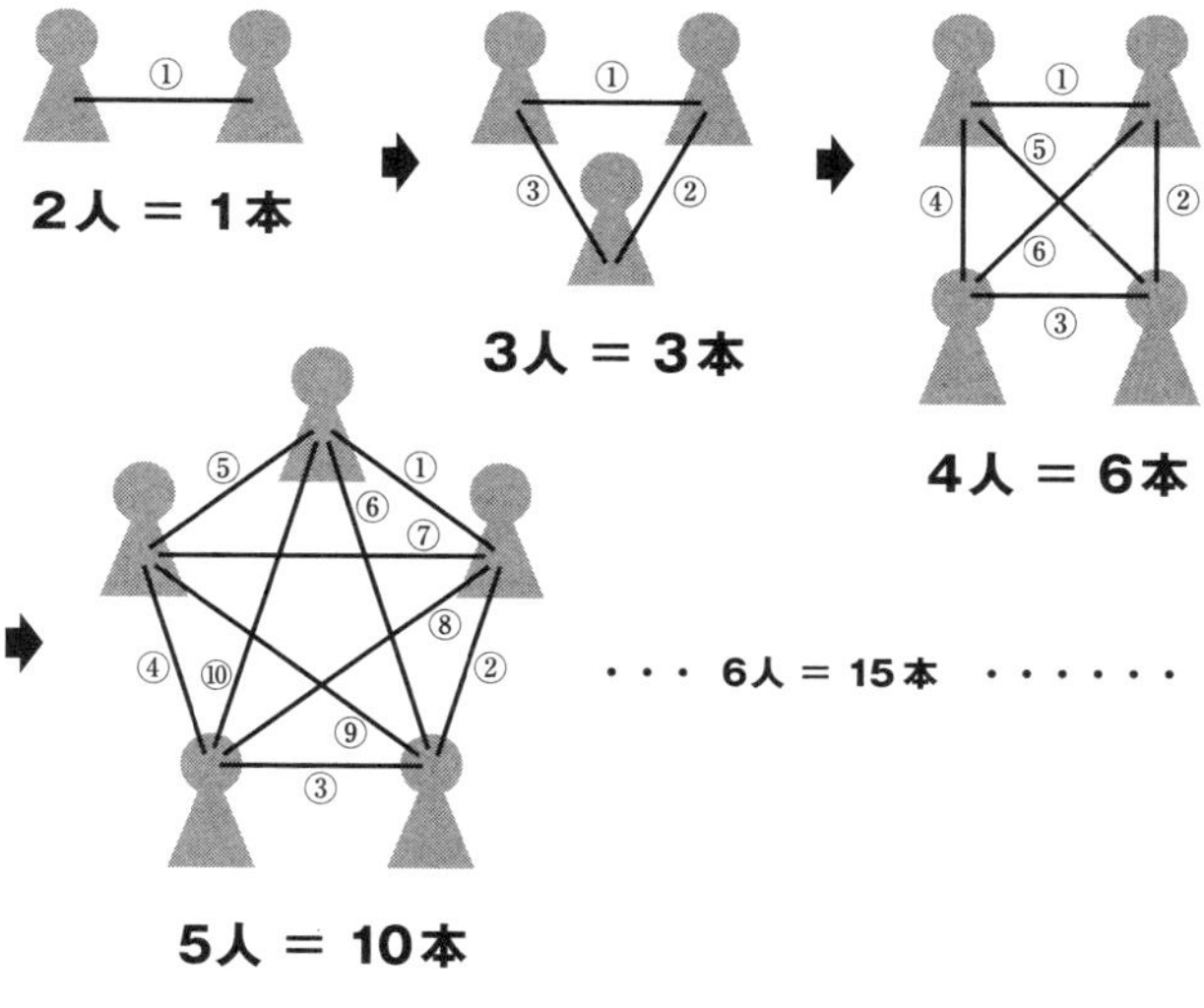

POINT!

情報は個別に投げるのではなく
全員を集めて一斉にアップデートするのが効率的

２週間に１度では、間隔が空きすぎて変化に対応できないので、やはり情報を更新するなら週に１度が適切でしょう。

情報のハブとなるべきチームリーダーやプロジェクトマネジャーにとっても、これが最もラクな情報管理術です。

毎朝15分のＭＴＧでチームのＰＤＣＡサイクルを回す

ただし定例会議は、あくまで組織の大きな単位やプロジェクト全体で短期的なゴールを共有し、最新の進捗状況を確認するための場です。

一方、**普段の仕事でＰＤＣＡサイクルを高速で回すには、直属の上司と部下の間でフィードバックしあう機会を、より短い間隔で設定する必要があります。**

そこで私の会社では、定例会議とは別に、毎日「朝会」を開いています。

時間は15分ほど。長々とやる必要はありません。

ここで**メンバー全員が今日やるべきタスクを出し合い、優先順位を決めて、「チームとして今日は何をするか」を確定します。**

同時に、部下が私に報告したいことや、私から部下に確認しておきたいことも、お互いにフィードバックします。

第5章で「1日ごとのアウトプット（中間成果物）を設定しましょう」と話しましたが、その成果も朝会で確認します。

私の場合なら、現在は英会話学習事業を展開しているので、「昨日の無料カウンセリング申し込みは何人だったか」「カウンセリングに来た人のうち、何人が実際に入会したか」といったアウトプットを確認します。

こうして、プロセスごとの成果や歩留りなどの数字を確認し、もし目標に達していなければ、どう改善すべきかを考えるというPDCAサイクルを回します。

あなたが中間管理職なら、自分が直接マネジメントするメンバーを集めて、同様の場を作ることを勧めます。

「毎日集まるなんて、かえって時間のムダでは？」と思うかもしれません。

しかし、これこそメールでやりとりしていたら、いつ相手からフィードバックをもらえるかわかりません。

だったら、5分や10分でいいからみんなでサッと集まり、直接コミュニケーションしたほうが何倍も速く仕事が進みます。

加えて上司の側は、「部下に急ぎで頼みたい仕事は、朝会で割り振る」という習慣をつけるとよいでしょう。

そうすれば、終業間際になって「しまった、あれを忘れてた！　悪いけど、これを至急やってくれるかな」などと言い出して、部下に残業を強いることもなくなります。

週に1度の定例会議と毎日の朝会、２つの〝会議〟を習慣化することで、チームのコミュニケーションと情報共有は格段にスピードアップするはずです

10秒でチェック！

☑ チームのネットワーク線は「n（n-1）÷2」で増えていく

☑ メンバーの数が増えるほど、「1対1」では収拾がつかなくなる

☑ 「週1の定例会議」と「毎日の朝会」で、最新かつ迅速な情報共有とフィードバックを実践する

1度の会議で、組織を「すぐやる集団」に変える

◀◀◀

「爆速集団」ソフトバンクで当たり前に行われていたこと

はっきり言えば、日本の会社には「ムダな会議」が多すぎます。

長時間かけて話し合ったあげく、何も結論が出ないまま終わってしまう。

こんな会議を繰り返している会社は多いはずです。次のアクションを決められない会議は、時間や人、お金などのコストを浪費しているにすぎません。

そこで、**1度の会議で意思決定し、組織を「すぐやる集団」に変えるためのノウハウをご紹介します。**

いずれもソフトバンクでは、当たり前のように行われていたことばかりです。

・出席者は「情報」と「権限」で決める

結論を出すために必要な「情報」と、意思決定の「権限」を持つ人さえ揃えば、1度の会議で次のアクションが決まります。

つまり、**「会議に誰を呼ぶか」**が重要ということです。

「今回の議題は、営業部の持つ情報だけで判断できる」という場合もあれば、「開発部から商品の性能について詳しく説明してもらわないと判断できない」という場合もあるでしょう。

後者だったら、最初から開発部の人間を会議に呼ばなければ、結論は出ません。

また、権限が足りていない場合も同様です。部長クラスがいれば意思決定できるのか、それとも取締役クラスが加わらないと意思決定できないのか。

あるいは社内の人間だけでは意思決定が難しいので、顧問弁護士や会計士といった外部の人間に出席してもらわなくてはいけない場合もあるでしょう。

「情報」と「権限」を揃えることが、会議を〝即・結論〟に導く秘訣です。

・事前に会議の「アジェンダ（議題）」を共有する

情報と権限を持つ人を招集しても、本人が「何のために呼ばれるのか」を正しく理解していなければ意味がありません。

そこで会議の出席者には、事前に「アジェンダ（議題）」をまとめたメモを渡します。あらかじめ何をするのかわかっていれば、それぞれが必要な資料を用意したり、「この件は賛成することになりそうだ」といった見当をつけておくことができます。

すると**実際の会議の場では、最低限の情報共有をするだけで、すぐに全員で結論を出せます。**

会議の場で考えるのではなく、すでに答えがわかった状態で出席してもらえば、あっという間に意思決定できるのです。

・会議の時間は「30分単位」とする

日本の会社では、会議を1時間単位で設定することが多いのですが、それも会議を長引かせる要因です。

事前にアジェンダを共有してしまえば、会議そのものは時間がかかりません。

それでも、会議のスケジュールが「13時から14時まで」で組まれると、何となく余計なことをダラダラと話してしまいます。

私はいつも、朝会は15分、他の会議も30分単位で設定します。他のベンチャー企業の経営者に聞いても、たいていが「15分から30分」で会議の時間を設定しています。

あらかじめやるべきことさえやっていれば、短時間でも結論は出せます。

会議を1時間単位で設定しないのが、会議を短縮化する秘訣です。

・「いつまでに」「誰が」「何を」するのかを明確にする

会議で意思決定したことを、確実に次のアクションにつなげるには、「納期」「担当者」「アウトプット」を決めることが不可欠です。

この**3つのうち、どれが欠けてもアクションは起こりません**。

「では、店舗ごとの目標数値は決まりましたので、皆さんどうぞよろしく」

これで終わっては「いつまでに」「誰が」「何を」するのかわかりません。

「では、11月末日までに、Aさんが『店舗ごとの目標数値通知書』を作成して、各店舗に配布してください」

こう伝えることで、初めて人は動き出すのです。

10秒でチェック！

☑ 会議の目的は、出席者を確実に「次のアクション」へ導くこと

☑ 「情報」と「権限」を持つ出席者を揃え、事前に「アジェンダ」を共有する

☑ 会議の時間は30分単位で考える。必ず「納期」「担当者」「アウトプット」を決定する

議事録はリアルタイムで作る

議事録作成のスピード＝アクションのスピード

会議が終われば、コミュニケーションが完了したわけではありません。

議事録の作成や、会議で決まったことの社内共有といった作業が、まだまだ残されています。

これらの作業も高速化しなければ、組織全体の情報共有とアクションに移るまでのスピードは加速しません。

議事録作成のスピードアップは、秘書時代の私にとっても至上命題でした。

1つの会議の議事録は、次の会議のたたき台にもなります。

つまり「次のアクション」を起こすための重要な資料になるということです。

孫社長は前の会議の議事録を見ながら、入れ替わったメンバーを相手に次の会議をしていました。

ということは、秘書である私は、次の会議が始まるまでに議事録を作らなくてはいけないということです。

ところが、当時の孫社長の会議は深夜1時や2時までかかることもしばしばでした。それなのに、「明日の朝8時から次の会議があるから、それまでに議事録をまとめておけ！」と言われるのです。

しかも、それがほぼ毎日続きます。

これでは、私が寝る時間はありません。

そのため、私は、議事録をリアルタイムで作ることにしました。

孫社長は会議の場で、ホワイトボードにメモしながら議論を進めます。

そこで、**コピー機付きのホワイトボードを導入し、孫社長が書いたものをそのままプリンアウトできるようにしました。**

孫社長が書くメモや図は完成度が高いので、ほとんどそのまま議事録に使えました。

また、ホワイトボードに書かれたことは、「孫社長の頭の中身」でもあります。

だから対外的なプレゼン資料を作るよう命じられたときも、ホワイトボードの内容をもとにすれば、すぐパワーポイントに落とし込むことができました。

当時の私ほど追い込まれていなくても、**議事録を速く作成することは、どの組織で**

も求められるスキルです。

人間は忘れやすい生き物なので、会議で「いつまでに」「誰が」「何を」するのかを決めても、確認する手段がなければアクションに移るのも遅くなります。

議事録の作成に時間がかかれば、「会議で決まったあの件、何だったかな？　まあ、言われてからやればいいか」と考える人が必ず出てきます。

ですから、簡単なものでも粗いものでもいいので、議事録もスピード重視で作成することが大事です。

「フォーマット化」すれば一瞬で情報共有できる

会議で決定したことを資料にして、社内で共有することも多いでしょう。

そこで重要になるのが「フォーマット化」です。

要するに、共通の形式を決めてしまえばいいのです。

あとは空欄を埋めるだけで、誰が資料や議事録を作っても、過不足なく情報を盛り込むことができます。

たとえば議事録なら、「報告」「決定」「未決」といった欄のあるフォーマットを作っておきます。

すると、「決定の前に、営業部から報告されたことが書かれていない」「まだ決定できずに保留にしたことが抜けている」といったことが防げます。

「フォーマット化」は、ソフトバンクのコミュニケーションが速い理由の一つです。

一般の企業では、取締役会に提出される資料と、現場の社員が見ている資料は別ものであることが多いはずです。

一方ソフトバンクでは、孫社長が見る資料も、新人が見る資料も、フォーマットはすべて同じです。

もちろん、見ている情報の範囲に差はありますが、「孫社長が見る資料に盛り込む要素は多く、現場の社員が見る資料は要素が少ない」ということはありません。

「日次・週次・月次の数字」「チーム別の数字」「代理店別の数字」など、誰もが同じ情報を見ることができました。

だからソフトバンクの社員は、たとえ新人であっても、「経営者のように考え、自分のアウトプットを最大化する」ためのアクションがとれるのです。

10秒でチェック！

☑ 議事録はスピード命。できれば、リアルタイムで作成を

☑ 議事録を速く作れば、対外的な資料作りもスピードアップする

☑ 社内で情報共有するための資料は、すべて「フォーマット化」する

「共通化」がチームのスピードを最速にする

「共通言語」を定義すれば、チームのコミュニケーションは円滑になる

今の時代、所属の違う人間同士が集まり、共同でプロジェクトや事業を展開することは珍しくなくなりました。

第1章で、私が「Yahoo! BB」のプロジェクトでチーム内の言語を共通化したときのエピソードをお話ししました。

「NTTの局舎のマークは『■』で統一する」

「機器の名前は英語で揃える」

このように、いわば**「言葉を翻訳する」作業が、チームリーダーやプロジェクトマネジャーに求められる時代になった**のです。

チーム内の「共通言語」を決めることは、組織のコミュニケーションを速くするコツです。

必要なら、チーム独自の言語を設定してもいいでしょう。

私が「Yahoo! BB」のプロジェクトリーダーをしていた頃、頭を悩ませたのが「ステータス管理」でした。

ADSL に参入したばかりの時点では、「何がどこまで終わっているのか」の判断さえ難しかったからです。

「Yahoo! BB」のサービスを始めて間もなく、ソフトバンクには「申し込みをしたのに、ADSLが開通されない」というクレームが殺到しました。

それを改善するには、申し込みから開通までのプロセスを細分化する必要があったのですが、あまりに**ワークフローが複雑だったために、現場のスタッフとのコミュニケーションが難しくなるという問題が起こりました。**

ひと口に「ADSLが開通されない」といっても、その理由はさまざまです。

申込書に記載された回線名義人が間違っていることもあれば、そのお客様が住むエリアがADSLに対応していないこともあります。

さらには、正しい回線名義人を再度連絡してもらうようお客様に伝えたら、「返事をします」と連絡があったのに実際は連絡が来ない場合もあれば、こちらから連絡を入れた時点で本人につながらない場合もあります。

これを報告するのに、「正しい回線名義人を連絡してもらうようお願いしたのに、その後返事がこなかったのがクレーム全体の3割で、そもそも連絡がつかなかったのは全体の1割で〜」などと言っていたのでは、まどろっこしくて仕方ありません。

そこで私は、ステータスごとに数字を振ることにしました。

「正しい回線名義人の連絡を依頼したのに、返事がない場合は『ステータス025』」

「そもそも連絡がつかなかったのは、『ステータス031』」

こうして「共通言語」を決めたことで、スタッフとのコミュニケーションは大幅に簡略化されました。

「『ステータス025』はクレーム全体の3割で、『ステータス031』は1割です」

これだけで、報告は済んでしまいます。

どんなに面倒な情報共有も、スピード化する方法はあるということです。

仕事ができるメンバーのノウハウをチーム内で横展開する

この「共通化」のスキルは、チーム全体の成果を向上するためにも活用できます。

たとえばあなたが管理職で、営業成績が良い部下がいるとします。

その行動には、必ず「仕事ができる人ならではのノウハウ」が隠されています。

それにいち早く気づくことができるのは、メンバー全員からフィードバックを受けている上司やリーダーだけです。

よってあなたがやるべきことは、その**ノウハウをマニュアル化して、他のメンバーに伝えること**です。

自分が過去にやってきたノウハウを部下に伝授する上司は多いと思います。

ただ、変化のスピードが速い今は、1年前に成功した方法が現在も通用するとは限りません。

ですから、上司がみずからの個人的な経験に頼るより、「今、この瞬間」に成果を出している人の手法を標準化し、横展開するほうが効率的です。

すると結果的に、上司が部下の指導・育成にかける時間も短縮できます。

共通言語を決めるのも、属人的なノウハウをチームに広めるのも、全体を見ている管理職やリーダーだからこそできることです。

あなたが情報のハブになることで、組織のコミュニケーションはもっと高速化できるはずです。

10秒でチェック！

☑ 共通言語を決めれば、複雑なステータスや専門用語もひと言で伝わる

☑ 共通言語は「数字」で設定してもＯＫ

☑ 結果を出している人のノウハウは、上司がマニュアル化して、ほかのメンバーに共有する

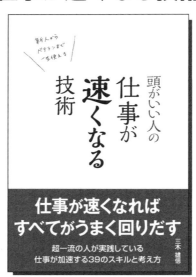

役員になれる課長、なれない課長の決定的な差！

役員になる人は知っておきたい
出世する課長の仕事

ISBN：978-4-7991-0519-1　本体 1,500 円 + 税

安藤浩之・著

Ｃｈａｐｔｅｒ１　出世する課長は何が違うのか？
Ｃｈａｐｔｅｒ２　職場の方向性を明らかにする
Ｃｈａｐｔｅｒ３　職場の方向性を浸透させる
Ｃｈａｐｔｅｒ４　効率性重視の仕組みづくり
Ｃｈａｐｔｅｒ５　付加価値重視のための仕組みづくり
Ｃｈａｐｔｅｒ６　変革のためのリーダー行動
Ｃｈａｐｔｅｒ７　課題達成のためのリーダー行動
Ｃｈａｐｔｅｒ８　集団維持のためのリーダー行動
Ｃｈａｐｔｅｒ９　出世する課長のための自己啓発

http://www.subarusya.jp

〈著者紹介〉

三木 雄信（みき・たけのぶ）

◇－1972年、福岡県生まれ。東京大学経済学部卒業。三菱地所㈱を経てソフトバンク㈱に入社。ソフトバンク社長室長に就任。孫正義氏のもとで、マイクロソフトとのジョイントベンチャーや、ナスダック・ジャパン、日本債券信用銀行（現・あおぞら銀行）買収、およびソフトバンクの通信事業参入のベースとなった、ブロードバンド事業のプロジェクトマネージャーとして活躍。2006年に独立後、ラーニング・テクノロジー企業「トライオン株式会社」を設立。1年で“使える英語”をマスターする「One Year English プログラム」“TORAIZ”を運営し、高い注目を集めている。自社経営のかたわら、東証一部やマザーズ公開企業のほか、未公開企業の社外取締役・監査役などを多数兼任。プロジェクト・マネジメントや資料作成、英語活用など、ビジネス・コミュニケーション力向上を通して、企業の成長を支援している。

◇－多数のプロジェクトを同時に手がけながらも、ソフトバンク時代に培った「瞬速プレゼン」を駆使し、現在は社員とともに、ほぼ毎日「残業ゼロ」。高い生産性と圧倒的なスピードで仕事をこなし、ビジネスとプライベートの両方を充実させることに成功している。

◇－著書には、『頭がいい人の 仕事が速くなる技術』（すばる舎）、『孫社長のむちゃぶりをすべて解決してきた すごいPDCA』（ダイヤモンド社）、『孫社長にたたきこまれた すごい「数値化」仕事術』『【新書版】海外経験ゼロでも仕事が忙しくても「英語は1年」でマスターできる』（ともに、PHP研究所）、『世界のトップを10秒で納得させる資料の法則』（東洋経済新報社）など多数。

◎著者への講演依頼はこちらから！
トライオン株式会社（http://www.tryon.co.jp/）
電　話：03-6435-5622
メール：tryon.info@tryon.co.jp
講演に関するご希望・ご相談など、お気軽にご連絡ください。

孫社長のYESを10秒で連発した 瞬速プレゼン

2017年10月22日　　第1刷発行

著　者――三木 雄信

発行者――徳留 慶太郎

発行所――株式会社すばる舎

〒170-0013 東京都豊島区東池袋3-9-7 東池袋織本ビル
TEL　03-3981-8651（代表）　03-3981-0767（営業部）
振替　00140-7-116563
http://www.subarusya.jp/

印　刷――株式会社シナノ

ISBN978-4-7991-0639-6